Langenscheidt Bank – Deutsch/Deutsch – Bank
von Anikar Haseloff und Oliver Haug

Projektbetreuung & Lektorat: Alexandra Bauer (textwerk, München)
Layout: Agentur Kopfbrand, München
Illustrationen: Mark Frost

Die Autoren
Dr. Anikar Haseloff weiß, wovon er spricht und andere schreiben: Der promovierte Kommunikationswissenschaftler ist Geschäftsführer des Instituts für Verständlichkeit (H&H Communication Lab GmbH) in Ulm. Hier haben er und seine Mitarbeiter Tausende von Finanzbegriffen, Floskeln, Füllwörter und viele weitere unverständliche Wörter und Phrasen „übersetzt" und so einem größeren Leserkreis zugänglich gemacht.

Oliver Haug, Kommunikationswissenschaftler und echter Profi in Sachen Verständlichkeit – der sich aber oft mit Unverständlichem beschäftigt. Als geschäftsführender Gesellschafter der H&H Communication Lab GmbH kennt er Verschleierungstaktiken, Worthülsen, Phrasen und sprachliche Nebelkerzen jeder Art. Sehr gern werden sie eingesetzt, wenn es um Versicherungen, politische Versprechen und behördliche Vorschriften geht – und bei Banken erfreuen sie sich eben auch großer Beliebtheit.

Satz: Werkstatt München, Anja Dengler
Druck und Bindung: Stürtz GmbH, Würzburg
ISBN 978-3-468-73873-9
www.langenscheidt.de
13010

Liebe Leserinnen und Leser,

wir, die Autoren, haben es bei unserer täglichen Arbeit schon seit Jahren mit sprachlichen Rettungsschirmen zu tun. Oder sprachlichen Tarnschirmen – da ist die Grenze manchmal fließend. Denn wir übersetzen täglich für Banken, Versicherer, Großunternehmen und Behörden Texte aus dem Bänkischen beziehungsweise Behördischen in leicht verständliches Deutsch. Damit Kunden wissen, was sie kaufen. Vor allem im Finanzsektor sollte man wirklich nur Produkte erwerben, die man versteht. Wie Sie sich sicher vorstellen können, ist das nicht unbedingt die einfachste Aufgabe. Und manchmal fühlen wir uns bei der Arbeit auch wie Archäologen, die komplizierte Hieroglyphen entziffern müssen.

Dabei stellen wir immer wieder fest, dass neben Deutsch eben auch Bänkisch und Behördisch als anerkannte Amtssprachen existieren. Manchmal sind die Sprachentgleisungen lustig, manchmal zum Weinen. Und ab und zu verstehen selbst wir nicht, was da eigentlich steht – auch wenn es eine Form des Deutschen zu sein scheint.

Das gilt im Übrigen nicht nur für die Sprache der Banken. Untersuchungen zeigen, dass viele Menschen bei Versicherungsunterlagen, Bescheiden von Finanzämtern oder Produktinformationen von Mobilfunkanbietern meistens nicht alles verstehen. Wortungetüme wie „Sonderausgabenabzugsfähigkeit“ oder „Aktienveräußerungsverluste“, die Verwendung von seltsamen Begriffen wie

„Reverse Call mit Hebeloption“ oder „Ballonfinanzierung“ sowie Monstersätze mit weit über hundert Wörtern sind nur einige wenige Beispiele für den tagtäglichen Sprachwahnsinn, der zwischen Banken und Kunden stattfindet.

In den allermeisten Fällen ist das aber gar nicht so gewollt. Sich verständlich auszudrücken, ist halt nicht immer ganz einfach. Das gilt vor allem für die Kommunikation der Banken, deren Finanzprodukte und Märkte hochkomplex sind. Hier sind die Spezialisten gefragt: Wirtschaftswissenschaftler, Mathematiker und Juristen. Diese Finanzexperten beteiligen sich natürlich auch an Produktinformationen, Vertragstexten und Briefen. Mal im Ernst: Wie soll das gut gehen? Umgekehrt würde es ja auch nicht funktionieren: Entwickelten Sprachforscher, Werbetexter oder Romanautoren Finanzprodukte, wäre die Katastrophe ebenfalls vorprogrammiert. Dann hätten die Fonds vielleicht schönere Namen, aber ob sie überhaupt funktionsfähig wären, darf man getrost bezweifeln.

Wir alle haben schon über Unterlagen unserer Bank gesessen und gegrübelt, was sie uns wohl sagen wollen. Selbst in Gesprächen mit unseren Beratern kommen immer wieder Begriffe vor, die wir vorher noch nie gehört haben. Bei denen wir uns aber nicht nachfragen trauen – schließlich wollen wir von unserem Berater nicht für doof gehalten werden und er hat das Wort so selbstverständlich verwendet.

Kennen Sie diese Schwierigkeiten auch? Dann ist dieses Buch Ihre Lösung: Wir führen Sie hinter die Kulissen der Welt des Geldes. Wir zeigen Ihnen, womit es Banken in der Praxis zu tun haben und warum die Bankensprache nicht immer die leichteste ist. Wir hoffen natürlich, Ihnen mit unseren Beiträgen ein bisschen Hintergrund- und Praxiswissen mitzugeben – auch wenn vieles in diesem Buch mit einem Augenzwinkern zu verstehen ist.

Viel Spaß beim Lesen!
Ihr

Dr. Anikar M. Haseloff — Oliver Haug

Bank ist nicht gleich
BANK

Die Banken – und das liebe Geld

Banken existieren im Grunde schon genauso lange wie das Geld. Denn seitdem Geld im Umlauf ist, gibt es auch Menschen, die mehr brauchen, als sie haben. Aber unter uns, wer kennt das denn nicht: Wer möchte sich nicht den LED-Backlight-Full-HD-Smart-TV in 60 Zoll kaufen, den er eigentlich gar nicht benötigt (der aber gerade im Sonderangebot ist und auch noch ständig wireless online sein kann)? Mit Geld, das er nicht hat, um letztlich Menschen zu beeindrucken, die er überhaupt nicht mag? Geht uns doch allen manchmal so.

„Eine Bank ist eine Einrichtung, von der Sie sich Geld leihen können – vorausgesetzt, Sie können nachweisen, dass Sie es nicht brauchen."

(Mark Twain, Schriftsteller)

Und: Es leben auch Menschen unter uns, die mehr haben, als sie brauchen. Ja, wirklich. Die gibt es. Für diese Menschen sind Banken ebenfalls sehr wichtig, denn Banken passen auf ihr sauer verdientes Geld auf und vermehren es. Damit ist die Grundaufgabe einer Bank eigentlich schon erklärt: Banken verleihen gegen Geld das Geld anderer Leute, die Geld dafür bekommen, dass sie ihr Geld der Bank zum Verleihen leihen. So kann man sich selbst dann schöne bunte Dinge kaufen, die mehr Geld kosten, als man gerade hat. Das ist das Grundprinzip einer Bank – eigentlich ein ganz einfaches, oder?!

Für kaum etwas kennen wir auch so viele verschiedene Begriffe wie für Geld. Je nachdem, mit wem man darüber redet, kann man sich aus einem wahren Fundus bedienen …

Wussten Sie schon? Asche, Bares, Bargeld, Bimbes, Blüten, Cash, echtes Geld, Eier, Euro, Euronen, Falschgeld, Fett, Finanzen, Flocken, Flöhe, Frischgeld, Heu, Holz, Kies, Klötze, Knaster, Knete, Knöpfe, Kohle, Krazacken, Kröten, Kwan, Mammon, Marie, Mark, Mäuse, Moneten, Moos, Mücken, Ocken, Öcken, Peanuts, Penunze, Peseten, Pfennig, Piepen, Pimperlinge, Pinke, Pinkepinke, Pulver, Schabangas, Scheine, Schotter, Schwarzgeld, Steine, Stutzen, Tacken, Zacken, Zaster.

Sie sehen: Es gibt mehr Wörter für Geld als mancher Euro auf dem Konto hat. Was nicht nur verdeutlicht, wie wichtig Geld für uns geworden ist, sondern auch, wie unterschiedlich wir es wahrnehmen.

Im Lauf der Zeit haben sich die Banken natürlich stark weiterentwickelt. Geldaufbewahren und -verleihen sind zwar immer noch wichtige Bestandteile ihres Geschäfts, die Aufgaben gehen heute aber weit darüber hinaus. Fast täglich erfinden die Banken neue, kreative Produkte zur Ankurbelung des Geldumlaufs (am Ende des Tages grundsätzlich vom Verbraucher zur Bank) oder zur Förderung der Wirtschaft (sowohl der Volkswirtschaft als auch der Wirtschaft, in die das Volk gern geht). Und sie müssen sich immer wieder den Kopf darüber zerbrechen, was sie mit dem Geld ihrer Kunden anstellen – um daraus noch mehr Geld und so ihre Kunden glücklich zu machen. Außerdem engagieren sich die Banken auch stark in der modernen Stadtgestaltung: Durch den Bau ihrer Filialen, die oft wie futuristische Paläste anmuten, werten sie die Innenstädte immens auf.

Banken – die kleinen, aber feinen Unterschiede

Wie finde ich denn nun die richtige Bank für mich? Was brauche ich eigentlich von meiner Bank, außer einem guten Kaffee beim Kreditgespräch? Und was meint mein Bankberater, wenn er von „Thesaurierung" oder „Agio" spricht? Diese Fragen beantworten wir Ihnen Schritt für Schritt bei unserer kleinen Reise durch die Welt der Banken.

> ***„Am besten erkennt man den Charakter eines Menschen bei Geldangelegenheiten, beim Trinken und im Zorn."***
>
> (Aus dem Talmud)

Bank ist gleich Bank? Hauptsache in der Nähe – da gibt's doch sowieso keinen Unterschied? Stimmt nicht, das Gegenteil ist der Fall. Und das macht die Wahl der Bank zu einer wahren Herausforderung. Die Entscheidung für eine Bank ist im Grunde zu vergleichen mit der Wahl eines Ehepartners: Auf den Richtigen kommt es an. Hat man ihn gefunden, halten Bank-Kunden-Beziehungen oft länger als so manche Ehe – und manchmal sind sie sogar glücklicher.

Bei der Wahl der Bank haben Sie die Qual der Wahl (was bei der Wahl des Ehepartners nicht immer der Fall ist). Alleine in Deutschland gab es 2010 laut Bankenverband über 2.000 Banken mit über 40.000 Niederlassungen.[1] Neben der Vielzahl an Banken kommen natürlich auch noch die verschiedenen Banktypen hinzu. Von der persönlichen um die Ecke (Sparkasse oder Volks- und Raiffeisenbank) bis zur virtuellen Direktbank, von der man gar nicht wirklich weiß, wo sie sich eigentlich befindet.

Bank ist also nicht gleich Bank. Das hätten wir schon mal geklärt. Ab hier wird es nun etwas komplizierter. Damit Sie im Bankendschungel durchblicken und erfahren, welche Bank für Sie und Ihr Vorhaben die passende ist, lesen Sie auf den nächsten Seiten mehr über die mannigfaltigen Banktypen und deren kleinen und manchmal sehr feinen Unterschiede.

Das große Einmaleins der Banken

Zunächst muss man bei Banken zwischen dem Geschäftsfeld und der Rechtsform unterscheiden. Also: Was sie tun, und wie sie es rechtfertigen. In punkto Geschäftsfeld kennt man in Deutschland Universalbanken und Spezialbanken. Anders gesagt: Diejenigen, die alles können (dafür aber nichts richtig, wie die Berliner sagen würden), und diejenigen, die wenig können – dies dafür aber meistens etwas besser (was keine Kunst ist, wie die Berliner sagen würden).

BANK
BANK
HERR SCHULTZ HATTE PROBLEME, SICH FÜR EINE BANK ZU ENTSCHEIDEN. FÜR IHN WAREN SIE ALLE GLEICH. WENN ES NUR IRGENDWELCHE HINWEISE GEBEN WÜRDE ...

Universalbanken machen also alles, was mit Geld zu tun hat und (in der Regel) nicht verboten ist. Das heißt, sie bieten die Dienstleistungen an, die wir benötigen: den ganz normalen Zahlungs- und Überweisungsverkehr, Kreditgeschäfte aller Art, den Handel mit Wertpapieren, Vermittlung von Versicherungen, Immobilien etc. Das Gute an der Universalbank: Sie bekommen alles aus einer Hand. Ein Ansprechpartner genügt und sämtliche Geldangelegenheiten werden für Sie geregelt. Sie können sich also ganz entspannt zurücklehnen.

Wussten Sie schon? Die ersten deutschen Geldscheine stammen aus Sachsen. 1772 ließ der Kurfürst von Sachsen aus akutem Geldmangel sogenannte Kassenscheine drucken.

Spezialbanken hingegen sind auf einen Bereich des Bankengeschäfts spezialisiert. Bei ihnen finden Sie nur ein bestimmtes Bankprodukt. Sie ahnen es wohl schon: Da hiervon ganz schön viele auf dem Markt sind, gibt es auch eine ganze Reihe an Spezialbanken wie beispielsweise …

- … die Realkreditinstitute,
- Investmentbanken,
- Kfz-Finanzierungsbanken,
- Bausparkassen und
- einige Banken mit Sonderaufgaben – so etwa die Kreditanstalt für Wiederaufbau (KfW), die den Mittelstand und Existenzgründer fördern soll.

Zudem unterscheiden sich die Banken auch in ihrer Rechtsform – in Deutschland haben wir: die Privatbanken, Genossenschaftsbanken und die öffentlich-rechtlichen Banken. Und als wäre das nicht alles schon kompliziert genug, verschwimmen die Geschäftsfelder vieler Banken immer mehr. Eine richtige Trennschärfe ist oft nicht mehr erkennbar. Wir versuchen es trotzdem und beschreiben Ihnen die verschiedenen Bankmodelle. Selbst auf die Gefahr hin, dass sich bald alles miteinander vermengt – und die meisten Banken dann irgendwie alles machen und manche vielleicht gar nichts mehr …

Wussten Sie schon? Die ersten Geldscheine stammen aus dem siebten Jahrhundert aus China. „Fliegendes Geld" hießen die Banknoten. Und vermutlich waren die Scheine damals schon genauso schnell weg wie heute.

Genossenschaften und Sparkassen – deutschlandweit alle fünf Meter Geld abheben

Die am weitesten verbreiteten Banken sind öffentlich-rechtliche Kreditinstitute und Genossenschaftsbanken. Im Volksmund besser bekannt als Sparkassen beziehungsweise Volks- oder Raiffeisenbanken. Sie gelten oft als „die Bank der kleinen Leute": das gute alte Sparbuch, das eigene Girokonto, der erste Kredit für den Führerschein oder die erste neue Wohnungseinrichtung (diesmal also nicht aus dem Caritas-Secondhandladen). Solche oder ähnliche Dinge verbinden wir meistens mit den guten Sparkassen und Raiffeisenbanken.

Man kommt an ihnen ja auch nicht vorbei – selbst, wenn man wollte. Das liegt nicht zuletzt daran, dass sie auch im hinterletzten Winkel Deutschlands zu finden sind. Es gibt kein Entkommen. Eine ähnliche Dichte erreichen in Städten höchstens Nagelstudios oder Bubble-Tea-Filialen. Und auf dem Land sieht man mittlerweile eher eine Sparkasse oder Volks- und Raiffeisenbank als eine Kuh.

„Geld ist besser als Armut –
wenn auch nur aus finanziellen Gründen."

(Woody Allen, Filmemacher)

In der Finanzwelt genießen die Genossenschaftsbanken und Sparkassen oft den Ruf als Good Guys. Die Guten also. Nicht nur, dass sie uns gehören (Genossenschaftsbanken), nein, sie sind hier, um uns zu dienen (öffentlich-rechtlicher Auftrag der Sparkassen). Auch wenn man von beidem oft nicht viel merkt – vor allem, wenn der Dispo mal wieder gnadenlos überzogen ist und man vom Bankberater zitiert wird.

Der Vorteil dieser Banken liegt in Ihrer regionalen Ausrichtung und großen Verbreitung. Für Menschen, die gerne deutschlandweit an fast allen Automaten kostenlos abheben wollen, sind Genossenschaftsbanken oder Sparkassen natürlich die erste Wahl. Man muss sich allerdings mit etwas bescheidener ausgestatteten Filialen, weniger Zinsen und Filterkaffe beim Kreditgespräch abfinden. Aber worin unterscheiden sich die beiden Banken denn noch – außer, dass die einen rot und die anderen blau sind?

Sparkassen – Die Sparkassen sind die am weitesten verbreiteten Banken. Mit insgesamt 13.273 Filialen (Stand 2011) sind sie in Deutschland am häufigsten vertreten.[2] Zum Vergleich: Summa summarum gab es 2011 in Deutschland fast 40.000 Bankfilialen.[3] Damit haben Sparkassen etwa zehnmal mehr Filialen als McDonald's, der es 2010 auf 1.386 Filialen in Deutschland brachte.[4]

Filialen im Vergleich[5]

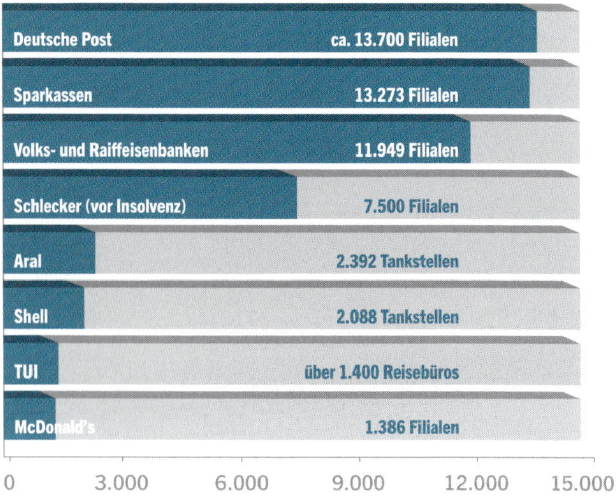

Sparkassen gibt es seit Mitte des 19. Jahrhunderts. Sie wurden gegründet, um auch einfachen Leuten das Ansparen von Geld oder die Aufnahme eines Kredits zu ermöglichen. Dass der kleine Mann beziehungsweise die Frau bei der Bank im Mittelpunkt steht, erkennt man beispielsweise daran, dass auf dem Formular zur Kontoeröffnung der Beruf „Geschäftsführende Gesellschafterin" nicht existiert, die Position „Kartenverkäuferin" hingegen schon.

Nachdem Sparkassen öffentlich-rechtliche Institute sind, hatten sie zu Beginn sehr strenge Auflagen zu befolgen. Wie Sie sich bestimmt denken können, gehören die Sparkassen heute eher zu den Universalbanken und dürfen so ziemlich alles machen. Selbst wenn in der Philosophie der Sparkassen immer noch der einfache Bürger im Mittelpunkt steht – eine Sparkasse ist mittlerweile keine verstaubte, kleine Bank mehr. Schauen Sie also mal rein in Ihre Sparkasse. Sie werden angenehm überrascht sein, was sie mittlerweile anbieten.

Wussten Sie schon? Die ungewöhnlichsten Banken sind sogenannte Zeitbanken. Wie die funktionieren? Nun, im Prinzip handelt es sich hier um Tauschwirtschaft: Sie können Dienstleistungen anbieten und abrufen. Dabei ist Zeit der einzige Maßstab für den Wert einer Dienstleistung. Eine Stunde ist eine Stunde – egal, ob juristische Beratung oder Tüten tragen als Einkaufshilfe.

Raiffeisen- oder Volksbanken – Zu den Raiffeisen- oder Volksbanken sagt man auch Genossenschaftsbanken. Der Name rührt daher, dass diese von einer Gruppe Menschen (meist Landwirte) gegründet wurde, den damals sogenannten Genossen. Genossenschaftsbanken gibt es ebenfalls seit Mitte des 19. Jahrhunderts.

Sie wurden ins Leben gerufen, um vor allem Bauern, aber auch den kleinen Leuten Kredite oder das Sparen zu ermöglichen. Eine wichtige Aufgabe der Genossenschaftsbanken war immer der Ein- und Verkauf landwirtschaftlicher Mittel wie Saatgut oder Getreide. Stellenweise sind diese landwirtschaftlichen Betätigungsfelder noch erhalten, besonders auf dem Land.

Hier können Sie beim nächsten Bankbesuch auch mal spaßeshalber fragen, ob Sie vier Tonnen Futtermais statt 0,025 Prozent Zins auf Ihr Tagesgeld bekommen. Heute sind die genossenschaftlichen Institute mit 11.949 Filialen die am zweitweitesten verbreiteten Banken.[6] Es folgen:

- Deutsche Bank mit 3.083 Filialen,
- Commerzbank mit 2.170 Filialen,
- Postbank mit 1.100 Filialen (sofern man diese nicht zur Deutschen Bank zählt, die ja mittlerweile offizieller Besitzer der Postbank ist),
- HypoVereinsbank mit 927 Filialen,
- Targobank mit 318 Filialen.[7]

Oft basieren Genossenschaftsbanken noch auf dem Konzept des gemeinschaftlichen Besitzes durch Anteilseigner (Personen, die Anteile an der Bank besitzen). Während die ersten Anteilseigner zumeist Landwirte waren, die sich durch den Zusammenschluss bessere Einkaufs- und Verkaufspreise sichern wollten, hat sich der Geschäftszweck bis heute doch drastisch erweitert. Auch bei den

Raiffeisenbanken fällt es einem schwer, irgendetwas zu finden, was sie nicht anbieten.

Die kleinste Bank Deutschlands

- Die kleinste Bank Deutschlands – gemessen an den Mitarbeitern – ist die Raiffeisenbank im baden-württembergischen Gammesfeld ganz in der Nähe von Schwäbisch Hall. Mit nur einem Mitarbeiter, der in Personalunion Vorstand, Kassier und Sekretär verkörpert, hat die Bank seit ihrer Gründung 1890 die Personalstruktur noch nicht verändert, geschweige denn vergrößert.
- Auch bei der Technik wurde in den letzten Jahrzehnten nichts überstürzt oder auf den Kopf gestellt: 2007 gab es noch ein Wählscheibentelefon und keinen Computer. Und auch wenn in der Zwischenzeit ein PC angeschafft wurde, werden die Zahlungsverkehrsbelege immer noch mit der guten alten Schreibmaschine ausgefüllt und dann verschickt.
- Mit insgesamt fast 800 Kunden kommt die Bank dennoch auf eine stolze Bilanzsumme von 26,5 Millionen Euro in 2011 – und das, obwohl nur Gammesfelder Kunden werden können. Eine Expansion, selbst in den Nachbarort, wird trotz vieler Anfragen aus ganz Deutschland abgelehnt.
- Im Zeitalter von Globalisierung und Bankenfusionen ist die Gammesfelder Bank eine interessante Ausnahme. Sie ist sicherlich nicht systemrelevant, aber für die Gammesfelder die beste Bank der Welt.

Anteilseigner können Sie auch heute noch werden. Wussten Sie nicht? Fragen Sie doch einfach mal bei Ihrer örtlichen Genossenschaftsbank nach, ob hier ein Anteilskauf möglich ist, wie viel dieser genau kostet und mit welcher Dividende (Ihr Anteil am „Kuchen“) Sie am Jahresende rechnen können. Allein schon aus rein psychologischen Gründen kann es durchaus sinnvoll sein, Anteile an Ihrer Bank zu erwerben – selbst wenn es nur ein klitzekleiner Anteil ist.

Sobald nämlich die Bank wieder astronomische Überziehungszinsen von Ihnen fordert, bekommen Sie theoretisch einen Teil dieser Zinsen durch die Dividende am Jahresende wieder zurück. Denn durch die hohen Überziehungszinsen (auch von Ihnen) verdient die Bank (also auch Sie) mehr und kann diesen höheren Gewinn dann in Form einer Dividende an die Anteilseigner (ebenfalls an Sie) wieder ausschütten. Und schon sind die hohen Zinsen für das überzogene Konto nicht mehr so schlimm, sondern führen zu einer höheren Dividende – neudeutsch spricht man hier auch gern von einer Win-win-Situation.

Wenn Sie also ein Winner sind und schon immer mal eine Bank besitzen wollten: Kaufen Sie sich sofort Genossenschaftsanteile. Die Bank gehört Ihnen zwar nicht ganz alleine, Sie werden dadurch auch nicht automatisch zum Direktor aber immerhin bekommen Sie bei der jährlichen Anteilseigner-Hauptversammlung kostenlos Wienerle mit mittelscharfem Senf – neben der reichlichen Dividendenausschüttung natürlich.

Deutsche Bank und Co – global für uns im Einsatz

Die sogenannten Großbanken sind vor allem eines: groß. In Deutschland zählen dazu die Deutsche Bank, Commerzbank, HypoVereinsbank und die Deutsche Postbank. Um zu verstehen, wie groß, hier die drei größten Banken der Welt – gemessen an den Mitarbeitern – im Vergleich zu anderen global agierenden Konzernen:[8]

Welchen Vorteil bieten nun die Großbanken? Meist sind sie überall zu finden. Selbst wenn Ihnen im Urlaub in Südindien das Geld ausgeht, können Sie sich persönlich bei einem Mitarbeiter der Deutschen Bank im nächsten Dorf darüber beschweren. Allerdings haben Großbanken nicht nur Vorteile, sondern leider auch Nachteile. Die Chance, dass Ihr Bankberater öfters wechselt als die Bilder von Chagall am Empfang, ist recht hoch. Sollte Ihnen das aber egal sein und Sie öfters in Indien verweilen, sind Großbanken für Sie genau das Richtige.

Direktbanken – virtuelle Banken, aber echtes Geld

Direktbanken sind Banken, die es eigentlich gar nicht gibt – zumindest nicht im herkömmlichen Sinn. Sie sind das Gegenteil von Filialbanken: nämlich virtuell und ohne Geschäftsstellen. Dank der digitalen Revolution, dem Breitbandinternet auch in ländlichen Gegenden und der Erfindung von Smartphone-Banking-Apps hat sich diese neuartige Bank in den letzten Jahren immer stärker etabliert. Direktbanken kennt man ebenfalls unter den Namen Onlinebank oder Internetbank. Und obwohl sich das alles vielleicht etwas suspekt anhört, müssen Sie auch bei diesen Banken keine Angst um Ihr sauer verdientes Geld haben: In Deutschland besitzen wir strenge Bankregeln – und die gelten selbstverständlich auch für virtuelle Banken!

Wenn Sie also keinen Wert darauf legen, dass Sie die Familie Ihres Bankberaters in der dritten Generation kennen, Ihnen 0,25 Prozent mehr Zinsen aufs Tagesgeld wichtig sind, und Sie dem Internet prinzipiell erstmal vertrauen, dann sind diese Banken genau die richtige Wahl für Sie. Nachdem sich die Direktbanken den Marmor in den Filialen, die netten, gut aussehenden Damen und Herren am Schalter sowie den Nespresso Volluto beim Kreditgespräch sparen, können sie Ihnen meistens auch etwas bessere Zinsen anbieten.

Bad Banks – die Retter in der Krise

Jeder hat schon von der sogenannten Bad Bank gehört, denn bei jeder sich auch nur anbahnenden Bankenkrise wird dieser Begriff durch die Medien strapaziert. Praktischerweise heißt Bad Bank wörtlich übersetzt „böse Bank“. Wie so oft ist aber die einfache Übersetzung mehr als unzutreffend. Die vollständige Bezeichnung lautet eigentlich auch „Bad Debt Bank“, was so viel bedeutet wie „Bank für schlechte Verpflichtungen“. Andere, eher deutsche Namen sind: Auffangbank oder Abwicklungsbank.

Was aber machen diese eigentlich gar nicht so bösen Banken genau? Kurz erklärt: Sie springen in die Bresche, wenn andere Banken Kredite an die falschen Kunden vergeben. Die wiederum ihre Kredite dann nicht wie geplant, sondern gar nicht zurückzahlen. Solche Kreditgeschäfte bezeichnet man als „faule Kredite“. Diese sind nicht nur ärgerlich für eine Bank, sondern können recht schnell zum Fiasko werden. Eine Bank kann an der schlechten Zahlungsmoral seiner Kreditkunden im wahrsten Sinne des Wortes bankrott gehen.

„Es gibt Leute, die gut zahlen, die schlecht zahlen, Leute, die prompt zahlen, die nie zahlen, Leute, die schleppend zahlen, die bar zahlen, abzahlen, draufzahlen, heimzahlen – nur Leute, die gern zahlen, die gibt es nicht.“

(Georg Christoph Lichtenberg, Naturwissenschaftler)

Damit dies nicht passiert, springt die Bad Bank ein – und kauft die faulen Kredite. Auf diese Weise ist eine Bank, die zu viele faule Kredite vergeben hat, wieder außer Gefahr und die Sparer sind auf wundersame Weise gerettet. Durch diesen geschickten Schachzug haben Fehlspekulationen (wie die Immobilienkrise in Schweden 1990 bis 1992, wo dieses Konzept erfunden wurde), nicht zur Folge, dass Banken mit Firmen- oder Privatkundengeschäft pleitegehen und somit das Gesparte der Kunden aufs Spiel gesetzt wird. Das bedeutet aber keinesfalls, dass Sie Ihren Kredit nicht zurückzahlen müssen, weil den am Ende ja sowieso die Bad Bank übernimmt. So funktionieren Bad Banks leider nicht. Wie genau sie arbeiten, wo die faulen Kredite hinwandern, wer sie bedient oder ob wir Sie am Ende nicht sowieso mit unseren Steuern zahlen, wissen wir auch nicht genau.

Ökobanken – mit Sandalen zum Berater

Zunächst könnte man meinen, dass Ökobanken Erfindungen für Ex-Hippies sind. Weit gefehlt: Hier gibt es alles, was Sie bei fast jeder anderen Bank auch finden: Aktien, Sparbücher, Girokonten, festverzinsliche Wertpapiere oder Rentenversicherungen. Und das schon seit den 70ern, obwohl zu diesem Zeitpunkt die Vorsilben „Bio" und „Öko" noch kein Mensch kannte.

Auf den ersten Blick scheint es keine großen Unterschiede zwischen den Ökobanken und allen anderen Banken zu geben. Auf den zweiten Blick allerdings schon: Bei den Ökobanken spielt es eine große Rolle, wie sie das eingezahlte Geld der Kunden verwenden. Hier geht es nicht nur um Sicherheit, Rendite und Liquidität – entscheidend sind (wie der Name schon sagt) ökologische, soziale oder ethische Kriterien.

Ökobanken bieten daher auch nur Finanzprodukte an, die ihren hohen ökologischen und ethischen Standards gerecht werden. Man soll sich so richtig wohl, umweltbewusst, nachhaltig und innovativ fühlen, wenn man sein hart verdientes Geld bei einer Ökobank investiert. Außerdem werben Ökobanken mit gut klingenden Schlagworten wie Transparenz, Mitarbeiterzufriedenheit oder Engagement.

Wussten Sie schon? Die Banknote mit dem geringsten Wert (verglichen mit dem Euro) stammt aus Vietnam und heißt Dong. Für einen Dong erhalten Sie 0,000039 Euro (aber nicht in Bar).

Was ist Anlegern und Sparern die Ökologie und Ethik eigentlich wert? Geht es beim Geld nicht den meisten Menschen nur ums Geld? Aber da täuscht man sich. Ökologische und ethische Aspekte scheinen für mittlerweile immer mehr Menschen von Bedeutung zu sein: So verzichten manche Anleger auf Rendite oder verschenken sogar ein Teil ihres Geld. Aber wer Fair-Trade-Schokolade kauft und dafür mit dem SUV zum 15 Kilometer entfernten Biomarkt fährt, will natürlich auch seine Weltanschauung bei Geldangelegenheiten berücksichtigt wissen.

Ob sich das lohnt oder man damit nur sein schlechtes Gewissen beruhigt, mag jeder selbst entscheiden. Die Zahlen sagen: Ökobanken haben seit 2006 jährliche Wachstumsraten von 20 bis 30 Prozent – einen enormen Zulauf also. Allerdings haben sie in Deutschland nur etwa 230.000 Kunden. Zum Vergleich: Die Deutsche Bank (mit der Tochter Postbank) zählt über 20 Millionen Kunden. So in etwa spiegelt das dann auch die Relation zwischen den Aldi- und den Biomarkt-Einkäufern wider.

Vielleicht sollte man statt von Ökobanken lieber allgemein von alternativen Banken sprechen – denn neben ökologischen Aspekten sind eben auch ethische Kriterien maßgeblich. Zu den wichtigen alternativen Banken rechnet man beispielsweise: die Umweltbank (die vielleicht einzig reine Ökobank, da hier strikt nach ökologischen Kriterien entschieden wird und andere ethische Aspekte nur eine untergeordnete Rolle spielen), die Triodos Bank und die GLS Bank (Gemeinschaftsbank für Leihen und Schenken). Letztere vergibt auch Mikrokredite – genauso wie eine andere ethische Bank, die zu Weltruhm gelangte: die Grameen Bank.

Wussten Sie schon? Die Grameen Bank und ihr Gründer Muhammad Yunus erhielten 2006 den Friedensnobelpreis. Die 1983 von ihm gegründete Bank vergibt Mikrokredite – kleine Beträge wie etwa fünf Dollar – an arme Menschen, die von anderen Banken keinen Kredit bekommen, weil sie keine Sicherheiten haben. Nicht einmal fünf Dollar, um sich dringend benötigtes Saatgut oder Pflanzenschutzmittel zu besorgen. Mit den Mikrokrediten können sich die Bauern oft eine eigene Existenz aufbauen und wirtschaftlich unabhängig werden. Bemerkenswert ist, was sie mit dem Geld nicht machen dürfen: zum Beispiel Radios oder Fernseher kaufen.

Ökobanken investieren also nicht nur in Tofu-Burger, sondern eben auch in die global entstehenden Tofu-Burger-Ketten. Dennoch können Sie hier ethisch korrekt und in manchen Fällen trotzdem irgendwie verzinst Ihr Geld anlegen. Falls Sie heute schon strikt biologisch erzeugte Nahrungsmittel kaufen, nur Kleidung aus fairem Handel tragen und Ihr Auto sowieso schon gegen die grüne Bahncard eingetauscht haben, müssen Sie eigentlich nur noch Ihr Geld bei einer Ökobank anlegen. Dann ist Ihnen ein Platz im Himmel sicher.

Schweizer Banken – was Sie beim Schwarzgeldtransfer beachten sollten

Schweizer Banken kennt man in Deutschland vor allem als sicheren Hafen für Schwarzgeld. Der Transfer von Schwarzgeld in die Schweiz wird aber bekanntermaßen immer schwieriger. Hatten Sie früher Ihr Geld erst einmal in der Schweiz, war dies dank des Bankgeheimnisses so sicher wie die Löcher im Emmentaler. Diese Zeiten haben sich seit dem Ankauf von Steuersünder-CDs drastisch geändert. Damit Sie zukünftig auch richtig auf die neuen Herausforderungen reagieren können, hier die wichtigsten Tipps für den Umgang mit Schweizer Banken.

Tipp Nummer 1 – Sie haben zu viel Schwarzgeld und wollen einen Teil davon in die Schweiz schaffen? Vergessen Sie es. Verschwenden Sie nicht einmal mehr einen Gedanken daran. Sie glauben doch wohl nicht ernsthaft, dass Sie heute noch Schwarzgeld irgendwohin, insbesondere in die Schweiz, verschieben können? Mittlerweile ist Schwarzgeld ja nicht mal mehr bei Off-Shore-Banken (siehe dazu Seite 33) sicher. Oder glauben Sie gar noch, dass Ihr Banker Ihnen dabei hilft? Vergessen Sie's. Seit verschiedene Regierungen in Deutschland Steuer-CDs für astronomische Summen kaufen, sind Sie nicht mehr sicher – und das Schwarzgeld ist seitdem so gut wie abgeschafft. Denken Sie also nicht einmal dran.

Tipp Nummer 2 – Sie haben noch Schwarzgeld aus Ihrer Jugend in der Schweiz, wissen nun aber nicht, was Sie damit tun sollen? Vermutlich befindet sich Ihr Schwarzgeldkonto schon auf einer CD und wartet nur noch darauf, von der niedersächsischen Regierung gekauft zu werden. Unser Tipp: Laufen. Ganz schnell Laufen. Und zwar zum nächsten Finanzamt. Holen Sie sich lieber ein blaues Auge als ein neues Gebiss. So lange werden Sie nämlich sitzen müssen, wenn die CD erst einmal ausgewertet und Ihr Name darauf ist. Allerdings wird spätestens seit den vielen Schwarzgeldaffären um Politiker, Manager und anderen Prominenten heftig darüber gestritten, ob eine Selbstanzeige zukünftig noch vor einem Knastaufenthalt schützen darf. Also vielleicht doch lieber im weiten Bogen am Finanzamt vorbei direkt zum nächsten Flughafen?

Tipp Nummer 3 – Falls Sie mit Tipp 1 und 2 nichts anfangen können und doch wider besseres Wissen in die Schweiz fahren wollen – hier die wichtigsten Bank- und Finanzausdrücke sowie juristischen Begriffe auf Schwyzerdütsch. Sie helfen Ihnen dabei, mit den Bankmitarbeitern reibungslos zu kommunizieren (nur für den Fall der Fälle). Sie finden in der Sammlung auch allgemeine Helvetismen (wie Schwyzerdütsch sprachwissenschaftlich korrekt genannt wird) für Small Talk – ebenfalls sehr nützlich für den Austausch mit Ihren Zellengenossen (nur für den Fall der Fälle, wenn Sie statt dem Schwarzgeld das Falschgeld eingepackt haben).

Was Schweizer Banken sagen & Was sie meinen

„Aktienring“

Was sich anhört wie ein geheimnisvoller Kreis von Aktienhändlern, bedeutet auf Schwyzerdütsch nichts anderes als Aktienbörse.

„Aktionariat“

Hier handelt es sich tatsächlich um einen Kreis von Aktienhändlern: dem Aktionärskreis.

„Äufnung“

Sie wollen ein Konto in der Schweiz eröffnen und sind ein sicherheitsbewusster Bankkunde? Dann ist die „Äufnung“ ein wichtiger Begriff für Sie: Es handelt sich dabei um den Kapitalzuschlag (Eigenkapital einer Bank).

„ausjassen“

Sie feilschen gerne – selbst mit Ihrem Bankberater? In der Schweiz sagt man dazu „ausjassen“ und meint damit: aushandeln. Dieses Wort können Sie problemlos sowohl beim Banker (wenn es sich um Millionen handelt) als auch beim Zellengenossen (wenn es um Zigaretten geht) einsetzen.

„Betreibung“

Das wünscht sich niemand: die Zwangsvollstreckung. Gibt es tatsächlich auch in der Schweiz, obwohl die Menschen dort als sehr integer gelten.

„Cüpli“

Sie haben Ihr Schwarzgeld in der Schweiz angelegt? Und Ihr Name ist bisher noch nicht auf einer CD aufgetaucht? Dann können Sie sich ein „Cüpli“ gönnen: ein Glas Champagner.

„enervieren“

Sie haben sich selbst angezeigt und waren gar nicht auf der CD? Statt „Cüpli“ schlürfen, werden Sie sich jetzt wohl grün und blau ärgern.

„Endalarm“

Keine Panik! Wenn Ihr Schweizer Banker von Endalarm spricht, müssen Sie nicht gleich einen Flug nach Südamerika buchen. Ganz im Gegenteil: „Endalarm“ heißt in der Schweiz „Entwarnung“.

„Fiskalabgabe“

Diesen Begriff sollten Sie kennen: die Steuer. Denn möglicherweise waren Steuern auch der Grund, weshalb Sie überhaupt in die Schweiz gefahren sind – um sie zu umgehen.

„hablich“

Sind Sie „hablich“, werden Sie in der Schweiz immer ein gern gesehener Gast sein. Denn das bedeutet, dass Sie wohlhabend sind.

„Hans was Heiri“

Ist es Ihnen egal, dann ist es „Jacke wie Hose“.

„Jetzt ist genug Heu unten!“

Falls es Ihnen aber überhaupt nicht egal ist, sagen Sie: „Jetzt reicht's!“

„Konsulent“

Nein, Konsul hört sich nur so ähnlich an. Aber falls Sie Glück haben, ist Ihrer richtig gut und Sie sind deshalb noch auf freiem Fuß: Ihr Berater.

„legiferieren“

Das tun die Schweizer ungern, wenn es um die Lockerung ihres sagenumwobenen Bankgeheimnisses geht: Gesetze erlassen.

„mit abgesägten Hosen dastehen“

Dies kann Ihnen auch in der Schweiz passieren: den Kürzeren zu ziehen.

„primärer Arrest“

Jetzt wird es ernst: vorläufige Festnahme.

„Valor“

Diesen Begriff sollten Sie kennen, wenn Sie in der Schweiz nicht nur Geld verstecken, sondern damit auch handeln wollen: Wertpapier.

„Verzeigung“

Das müssen Sie um jeden Preis verhindern: die Strafanzeige.

Privatbanken – nur für die oberen Zehntausend?

Bei Privatbanken denken die meisten von uns an Anlagegeschäfte für die oberen Zehntausend. Außerdem an die Vermögensverwaltung der High Society durch Anlageberater, die Samthandschühchen tragen. Das ist nicht ganz falsch, selbst wenn die Samthandschuhe ein wenig übertrieben sind.

„Die Frage, wie man reich wird, ist leicht zu beantworten. Kaufe einen Dollar, aber bezahle nicht mehr als 50 Cent dafür."

(Warren Buffett, Milliardär)

In Deutschland gibt es im Bankensektor das Drei-Säulen-Modell. Die erste Säule bilden die Banken der öffentlichen Hand (Sparkassen, Landesbanken und Förderbanken), die zweite Säule umfasst die genossenschaftlichen Banken (Volksbanken, Raiffeisenbanken) und die dritte Säule besteht aus den Privatbanken (Großbanken, Regionalbanken, Auslandsbanken und Privatbankiers).

Damit sind wir wieder bei den Samthandschühchen, die, wenn es sie gäbe, ausschließlich den Privatbankiers vorbehalten wären. Diese haben aber auch einen glamourösen und ruhmreichen Gründervater: Vieri di Cambio de' Medici baute von 1348 bis 1392 gleich ein Filialnetz auf, das sich über ganz Europa erstreckte. Nach einigen familiären Irrungen und Wirrungen gelang den Medici einige Jahre später sogar der Aufstieg zur mächtigsten Familie Europas – Grundlage dafür blieb immer das private Bankgeschäft.

Heute steht es um Ruhm und Macht der Privatbankiers weniger gut als im 15. Jahrhundert. Das bedeutet jedoch nur, dass Privatbankiers – anders als die Medici – nicht mehr die Geschicke Europas und der Welt lenken. Die bekanntesten Privatbanken in Deutschland sind wohl: das Bankhaus Metzler (die älteste durchgehend in Familienbesitz befindliche Privatbank Deutschlands), das Bankhaus Ludwig Sperrer (in dritter Generation in Familienbesitz) oder auch das Bankhaus Max Flessa.

In den letzten Jahren sind aber viele Privatbanken von der Bildfläche verschwunden. Einige wurden von Großbanken übernommen wie beispielsweise Sal. Oppenheim 2009 von der Deutschen Bank. Damit sind Privatbanken ein sehr exklusives Vergnügen, das immer seltener wird. Falls Sie also mit Samthandschuhen und echtem Black-Ivory- oder Kopi-Luwak-Kaffee beim Anlagegespräch verwöhnt werden wollen, sollten Sie sich beeilen.

Off-Shore-Banken – off auf Guernsey

Wer bei Off-Shore-Bank an Sonne, Strand, Palmen und Cocktails mit kleinen Sonnenschirmchen denkt, liegt nicht einmal ganz falsch. Denn nicht nur die Banken selbst, sondern auch deren Kunden liegen gern am Strand. Wobei die wichtigsten Kunden zumeist nicht auf, sondern vor dem Strand liegen – nämlich auf ihrer eigenen, von Philippe Starck entworfenen Yacht.

Denn offshore bedeutet: Irgendwo weit weg auf einer Insel, also schwer erreichbar – vor allem für das Finanzamt –, keine oder nur wenige Steuern, Verschwiegenheit, Geheimniskrämerei und Empfangshallen aus weißem Marmor. Das erinnert Sie an die Mafia, weckt aber Ihre Abenteuerlust? Dann lesen Sie doch weiter …

Anleitung zum Off-Shore-Banking

Schritt 1

Suchen Sie sich einen Off-Shore-Finanzplatz Ihrer Wahl – zum Beispiel Guernsey, Mauritius oder Panama. Zypern oder die Kaimaninseln würden wir Ihnen momentan nicht empfehlen. Tipp: Berücksichtigen Sie dabei unbedingt die Urlaubswünsche Ihres Partners und etwaige kulinarische Vorlieben.

Schritt 2

Rufen Sie bei der Off-Shore-Bank Ihrer Wahl an, und vereinbaren Sie einen Termin. Machen Sie sich keine Sorgen. Die Mitarbeiter dort sprechen fließend Deutsch. Tipp: Falls Sie unsicher bei der Wahl sind, gehen Sie golfen und erkundigen sich unauffällig nach den Erfahrungen Ihrer Golfpartner.

Schritt 3

Buchen Sie Ihren Urlaub, nehmen Sie für die Reise einen großen Koffer voll Schwarzgeld mit, und packen Sie auch die Badehose ein. Nicht nur die Empfangshallen der Off-Shore-Bank, sondern auch die Strände sind fantastisch.

Schritt 4

Nehmen Sie etwas zu lesen mit. Sie werden nämlich bei der Einreise garantiert erwischt und wandern direkt ins Gefängnis.

Schritt 5

Falls Sie überhaupt wieder auf freien Fuß kommen und immer noch abenteuerlustig sind: Lassen Sie einen renommierten Finanzmanager aus dem Frankfurter Westend mit Breitling-Uhr und maßgeschneidertem Amerano-Seidenhemd ein Konto für Sie bei einer Off-Shore-Bank eröffnen. Er wird Ihr restliches Vermögen auf wundersamen Pfaden dorthin schaffen und für künftige Transaktionen schnell noch eine Briefkastenfirma gründen, die Sie dann später noch anderweitig nutzen können.

So gut sich das auch anhört. Kurze Zeit später wird sich das Finanzamt stark für Sie interessieren. Das wird dann ein richtiges Abenteuer: viel Spaß!

Park-Banken – die grünen Inseln der einfachen Leute

Die Park-Bank ist die Off-Shore-Bank des kleinen Mannes. Wer nicht über die notwendigen Kenntnisse und Kontakte verfügt – oder schlichtweg nicht die Zeit hat, ein komplexes und weit verzweigtes System an Briefkastenfirmen, Auslandskonten und Alibi-Stiftungen aufzubauen –, der kann auf die Park-Bank ausweichen. Diese altmodische Form des diskreten Geldverkehrs hat sich über Jahrzehnte bewährt.

Vor allem unter zwielichtigen Gestalten ist die Park-Bank seit jeher ein bevorzugter Ort, um wichtige Geschäfte anzuleiern, abzusprechen oder abzuschließen. Park-Banken werden auch gerne genutzt, um sensible Dokumente zu übergeben oder Lösegelder und Diebesgut zu hinterlegen (gerne in eine neben der Park-Bank stehenden Mülltonne).

> ***„Lebensstandard ist der Versuch, sich heute das zu leisten, wofür man auch in zehn Jahren noch kein Geld haben wird."***
> (Danny Kaye; Schauspieler, Komiker und Sänger)

Nachteil: Sie können bei der Park-Bank keine Empfangshalle betreten und bekommen nicht einmal schlechten Filterkaffee. Wenn Sie Pech haben, ist die Parkbank sogar besetzt: zum Beispiel von älteren, taubenfütternden Senioren mit sehr viel altem Brot und noch mehr Zeit. Oder durch eine Stillgruppe mit Bugaboo-Kinderwägen, fair getradetem Bio-Knabber-Gemüse in speziellen Tupperboxen und Kannen voll Bio-Früchtetee. Das ist vor allem dann blöd, wenn Sie sich eine alleinstehende Parkbank ausgewählt haben und sich in der Nähe keine Ausweich-Parkbank befindet.

Spielbanken – Glücksschwein statt Sparschwein

Spielbanken sind im Grunde wie echte Banken: Es gibt einen Schalter, Mann trägt Schlips, Frau Kostümchen, und alles dreht sich ums Geldmachen und Geldverlieren. Einziger Unterschied: In der Spielbank wird ganz offen mit verdeckten Karten und Würfeln gespielt – total legal und vollkommen transparent.

Seit Eröffnung der ersten Spielbanken im zwölften Jahrhundert sind sie bis heute sehr beliebt. Das zeigt auch der Umsatz: über

Unsere Top Drei der Casino-Gewinner

Top 3

Medienmogul Kerry Packer erspielte 1997 im MGM Grand in Las Vegas innerhalb von drei Tagen über 27 Millionen US-Dollar. Rekord damals. Der hohe Gewinn brachte Pecker ein Casino-Verbot ein – und einer ganzen Reihe Mitarbeitern die Kündigung. Wer nun denkt, dass Kerry sich damit glücklich zur Ruhe setzte, täuscht sich. Er konnte das Spielen nicht lassen – und verlor zwei Jahre später 20 Millionen in einer einwöchigen Pechsträhne. Bei einem geschätzten Vermögen von über fünf Milliarden Dollar jedoch in beiden Fällen ein Klacks.

Top 2

Ein junger Spieler gewann 2003 im Excalibur in Las Vegas mit ein paar Dollarn die bisher höchste Summe in einem Casino: 39,7 Millionen Dollar. Das Casino muss den Gewinn in jährlichen Raten von 1,5 Millionen Dollar ausbezahlen.

Top 1

Elmer Sherwin erspielte im stolzen Alter von 76 Jahren an einem Geldautomaten 4,6 Millionen Dollar. Das wäre nicht so ganz außergewöhnlich gewesen, hätte er nicht 15 Jahre später an exakt demselben Geldautomat nochmals gewonnen. Diesmal unglaubliche 21 Millionen Dollar. Die Chancen, den Jackpot überhaupt zu knacken, sind sowieso schon sehr gering (deutlich wahrscheinlicher ist, vom Blitz getroffen zu werden). Die Wahrscheinlichkeit, ihn gleich zweimal zu gewinnen, liegt allerdings bei 1 zu 2.500.000.000.000.000.

100 Milliarden US-Dollar im Jahr 2009 – und das nicht nur in Las Vegas. Wobei Las Vegas allein 10,2 Milliarden erzielt. Mehr wird nur in Macau mit über 14 Milliarden Umsatz erwürfelt.[9]

Bei den Summen kann man schon auch mal klotzen. Beispielsweise mit dem Nachbau von Venedig in Las Vegas oder einer eigenen Formel-3-Grand-Prix-Strecke durch die Straßen von Macau. Aber Casinos dienen ja nicht nur dem reinen Selbstzweck. Sie existieren hauptsächlich, damit wir unser gesamtes Geld stilvoll und mit etwas Nervenkitzel verbunden ausgeben können. Und: Casinos verhelfen auch immer wieder dem ein oder anderen zu beinahe schon unglaublichem Reichtum.

Brauche ich Banken – und wenn ja, **WIE VIELE?**

Kundentypologie – welche Kundentypen gibt es?

Wie Sie sehen, gibt es unzählige verschiedene Banken. Daher ist die Wahl gar nicht so leicht und sollte nicht nur an 0,25 Prozent Zinsunterschied festgemacht werden – außer Sie sind jung und brauchen das Geld. Denn Banken bieten so viel mehr als nur Zinsen. Banken spiegeln ein Lebensgefühl wider. Ein Leben lang. Darum prüfe, wer sich ewig bindet.

„Es ist gut, dass die Menschen des Landes unser Banken- und Geldsystem nicht verstehen, denn sonst, so glaube ich, hätten wir noch vor morgen früh eine Revolution."

(Henry Ford, Unternehmer)

Neben den örtlichen Sparkassen und Genossenschaftsbanken gibt es noch die internationalen Großbanken und mittlerweile auch die Direktbanken, die im herkömmlichen Sinne nicht existieren, aber trotzdem funktionieren.

Welche Bank passt also zu mir? Um diese Frage beantworten zu können, müssen Sie erst einmal herausfinden, welcher Typ Kunde Sie eigentlich sind. Gemeint ist damit die Zeit nach der Lehre beziehungsweise dem Studium bis hin zum bankenlosen Leben.

Vor dem Gesetz sind jedenfalls alle Menschen gleich. Vor dem Bankschalter sind manche aber gleicher als andere. Und auch wenn es kurios klingt: Je mehr Geld man braucht (im Klartext: je mehr Geld man begründet ausgeben kann), umso wichtiger wird man für eine Bank.

Wie ist das zu verstehen? Ganz einfach: Stecken Sie immer nur knapp in Ihrem Dispo, sind Sie eher der Basiskunde und nur mäßig interessant. Schaffen Sie es jedoch, 50.000 Euro Schulden bei der Bank zu machen, fallen Sie schon unter die Kategorie Geschäftsmann und Vermögenskunde. Und falls Sie sich gar 50 Millionen Euro bei der Bank ausleihen können, sind Sie ein Finanzgenie und spielen ganz oben in der ersten Liga mit – nämlich als Private-Banking-Kunde.

Natürlich teilen Banken Ihre Kunden nicht offiziell in Gruppen ein. Und natürlich sind alle Kunden für eine Bank gleich wichtig, egal ob diese nun Geld benötigen oder vorbeibringen. Denn die Bank verdient ja an beidem. Um aber die richtige Bank zu finden, ist es vorteilhaft, sich erst einmal grundsätzlich richtig einschätzen zu können ... Deshalb teilen wir die Kunden als Erstes mal in Have-Money-Kunden (Sie leihen der Bank Geld) und Need-Money-Kunden (die Bank leiht Ihnen Geld) ein.

Typ 1: Have-Money-Kunden

Have-Money-Kunden tragen ihr Geld auf die Bank, um es ihr zu leihen beziehungsweise dort sicher verwahrt zu wissen und auch noch Zinsen dafür zu bekommen ... Eigentlich eine tolle Sache, dann kann die Bank darauf aufpassen und anderen borgen, die gerade zufällig Geld brauchen. Die Have-Money-Kunden animieren die Banken aber auch immer wieder zu kreativen Höchstleistungen. Vor allem, wenn es darum geht, neue Produkte für diesen Kundenkreis zu entwickeln. Denn die Bank möchte ja auch etwas an ihnen verdienen. Daher werden für Have-Money-Kunden ständig neue Produkte erfunden, die so komplex sind, dass sie garantiert niemand versteht – weder Kunde noch Bankberater.

Dafür gibt es dann einen tollen englischen Namen, in dem wichtig klingende Wörter vorkommen, die kein Mensch vorher gehört hat. Auch inklusive: die Aussicht auf eine grandiose Rendite und kreative Ausreden zehn Jahre später, warum die Rendite knapp verfehlt wurde.

Den Stellenwert der Have-Money-Kunden sieht man daran, dass sie extra Empfangszimmer in der Bank mit besonders bequemen Stühlen haben, in die normale Kunden nie dürfen. Have-Money-Kunden bekommen auch niemals nur Filterkaffe beim Beratungsgespräch. Denn ohne diese Kunden hätte die Bank ja gar kein Geld, welches sie mit hohem Gewinn weiterverleihen könnte. Heute gibt es zwar schon Banken, die Geld zur Verfügung stellen, das sie gar nicht haben, aber prinzipiell sind Have-Money-Kunden die Stützen einer Bank. Und werden auch so behandelt.

Typ 2: Need-Money-Kunden

Diese Kunden sind der eigentliche Sinn einer Bank. Für und von Need-Money-Kunden lebt die Bank – mit ihnen wird so richtig Geld

SCHALTER 3
HERR MEIER VERSUCHTE IMMER, AUF DAS SCHUHWERK EINES KUNDEN ZU ACHTEN. LAUT FORTBILDUNG VERRIET ES VIEL ÜBER DESSEN BONITÄT.

verdient. Tag für Tag. Egal, ob nur der Dispo überzogen, einer der 500 verschiedenen Kredite in Anspruch genommen oder das eigene Häusle über die angeschlossene Bausparkasse finanziert wird. Und denjenigen, die keine Schulden machen wollen, kann man Versicherungen oder eine Altersvorsorge verkaufen.

Da jede Bank aber auch Kunden hat, die von ihr Geld kassieren (und wenn es nur 0,025 Prozent Zinsen sind), braucht man zum Ausgleich natürlich auch „gute" Kunden. Wobei wir hier darauf achten müssen, dass „gute" Kunden im Sinne der Bank nicht nur unbedingt die Kunden sind, die ihr Geld zur Bank tragen. „Gute" Kunden sind vielmehr diejenigen, die gern mehr ausgeben, als sie haben. Also ständig Kredite aufnehmen oder ihren Dispo überziehen. Natürlich zählen diese Kunden nur solange zu den „Guten", wie sie ihre Schulden plus Zinsen wieder zurückzahlen können. Völlig egal, wie und wann. Hauptsache, irgendwie und irgendwann. Wenn nicht, hat der Spaß auch für die netteste Bank bald ein Loch.

Um „gute" Kunden müssen Banken hart kämpfen, deshalb wird jede Woche ein neuer Kredit erfunden, der sich immer noch innovativer anhört und ganz neue Laufzeiten und Ratenkonzepte bedient. Vom Super-Easy-Comfort-Sofortkredit für ein neues Auto über den Technik-Finanzierungskredit für das Studenten-Ultrabook bis hin zum Single-Ratenkredit mit flexibler Ratenhöhe für die sündhaft teure (aber so dringend benötigte) Clutch von Louis Vuitton gibt es mittlerweile für jede Anschaffung einen eigenen Kredit. Zumindest vom Namen, der Laufzeit und den Konditionen her.

Die Top Drei der dümmsten Bankräuber

Top 3

In Emsland hat ein Bankräuber aus Versehen eine Praxis für Krankengymnastik überfallen. Hintergrund: Am Gebäude hing noch die Werbetafel der Bank – obwohl die Filiale bereits umgezogen war. Es ist nicht bekannt, ob der Überfall zu weniger Kreuzschmerzen führte.

Top 2

Die aus dem amerikanischen Bundesstaat Nebraska stammende Hannah Sabata wurde verhaftet, weil sie eine Bank in Waco, Texas, überfallen hatte. Obwohl der Überfall zunächst gelang, kam Hannah Sabata am Ende doch nicht davon: Kurz nach dem Überfall stellte sie ein Video in YouTube ein, in dem sie selbstherrlich den Überfall detailliert schilderte und mit dem erbeuteten Geld vor der Kamera herumwedelte. Auch wenn der Bankraub aufgeklärt werden konnte, bleibt bis heute ungeklärt, wie jemand so dumm sein kann.

Top 1

Die dümmsten Bankräuber stammen unserer Meinung nach allerdings aus Deutschland. Erst zerstörten die Bankräuber die Frontseite des Automatenraums und rissen den Geldautomat mit einem Stahlseil, das sie an einen Kleintransporter banden, aus der Verankerung. Danach entwendeten sie den Automaten mit dem Kleintransporter. Blöd nur, dass die Bankräuber dann nicht den Geldautomaten, sondern den Kontoauszugsdrucker mitnahmen.

Und zum Kredit kann dann auch gleich eine Versicherung mitverkauft werden, sodass der angehängte Versicherer ebenfalls profitiert. Aber am Ende profitieren natürlich immer die Kunden. Sie bekommen das heiß ersehnte Auto beziehungsweise das neueste Smartphone oder den innig gewünschten Thermomix. Die ganzen schönen Dinge gehören dann zwar prinzipiell Ihrer Bank, den Nachbarn können Sie damit aber dennoch grün und blau ärgern. Also geben wir es doch einfach zu: Wir brauchen Banken. Denn ohne sie hätten wir definitiv viel weniger Spaß in unserem Leben, viel kleinere Fernseher und deutlich langsamere Autos.

Banklizismen auf Deutsch – damit Sie mehr als „railway station" verstehen

Um wirklich sicherzustellen, dass der Spaß mit der Bankensprache so schnell kein Ende nimmt, geht es hier auch gleich weiter mit einer kurzen Lerneinheit zum Thema Anglizismen. Das sind diese englischen Wörter, die sich in die deutsche Sprache eingeschlichen haben, sich immer gut anhören, aber meistens verkehrt verstanden werden.

Denn anstatt modern und innovativ zu klingen (wie von den Dialogspezialisten beabsichtigt), sorgen sie häufig nur für Verwirrung und Missverständnisse. Zum Beispiel wenn der Kaffee zum Mitnehmen (to go) als besonders teurer Kaffee aus Afrika (Togo) übersetzt wird.

Auch Banker und Finanzberater verwenden Anglizismen – gern auch mit bänkischen Fachbegriffen in einem sprachlichen Potpourri zusammengepanscht. Wir nennen sie Banklizismen. Ganz besonders beliebt sind sie beim Investment-Banking.

Dazu muss man sich nur einmal die Namen vieler Fonds ansehen: Hier gibt es etliche, die man kaum aussprechen kann, ohne sich dabei die Zunge zu brechen …

- International Selection Fund Emerging Europe Debt Absolute Return (Schroder Investment Management)
- Local Emerging Markets Short Duration Bond Fund (BlackRock Global Funds)
- IBoxx Euro Sovereigns Eurozone 10–15 Total Return Index ETF (DB X-Trackers)

Damit Sie in Zukunft mehr verstehen als nur Bahnhof, haben wir Ihnen einige englische Begriffe zusammengestellt, übersetzt oder erklärt.

Peanuts – Banker-Jargon für 50 Millionen Euro. Der Begriff wurde einst vom Vorstandssprecher der Deutschen Bank eingeführt: Hilmar Kopper benutzte ihn für die Summe der Handwerkerrechnungen, die bei der Insolvenz des Immobilienunternehmers Jürgen Schneider noch nicht bezahlt waren. Seine Aussage sorgte für so viele Schlagzeilen, dass der Begriff 1994 sogar zum Unwort des Jahres gewählt wurde.

Bottom-up-Strategie – Geben Sie's zu: Sie denken an Shakira. Nett gedacht, aber falsch. Hierbei handelt es sich um eine Von-unten-nach-oben-Anlagestrategie – frei nach dem Motto: Ist es unten (Unternehmensebene) pfui, kann es oben (Marktebene) nicht hui sein.

All-Time-High – Auch wenn es sich nach Dauerdröhnung anhört, hier geht es um eine einmalige Sache: um den höchsten, jemals erreichten Kurs eines Wertpapiers. Wirkt auf die Aktionäre angeblich wie ein nie endender Rausch.

Blue Chips – Igitt, blau gefärbte Chips. Um Himmels willen, nein! Als Blue Chips bezeichnen Banker besonders umsatzstarke Aktien von großen Unternehmen mit hohem Börsenwert und viel Eigenkapital. Der Name kommt vom Pokerspiel: In vielen Casinos sind die blauen Jetons (Chips) die wertvollsten.

Wealth Management – Selbst wenn es so ähnlich wie Health (Gesundheit) klingt, hat es erstmal nichts damit zu tun. Wealth Management bedeutet, dass die Bank sich um Ihr Vermögen (Wealth) kümmert. Ein Zusammenhang mit Ihrer Gesundheit besteht erst dann, wenn die Bank beim Wealth Management Fehler macht.

Performance – Redet Ihr Banker von Performance, war er nicht im Theater oder bei einem Kunstevent. Nein, hier handelt es sich um eine Aufführung anderer Art: Ihr Banker meint die Wertentwicklung Ihrer Geldanlage (z. B. Wert Ihrer Aktien). Spricht der

Banker von überdurchschnittlicher Performance, dürfte Ihr Geld noch bei der Bank sein. Ist die Performance unterdurchschnittlich, sollten Sie sich spätestens jetzt ernsthafte Sorgen machen.

Junior Salesmanager – Das ist nicht der Chef der Bank, auch wenn das Wort Manager dies eigentlich assoziiert. Junior Salesmanager befinden sich eher kurz nach der Ausbildung als kurz vor der Rente und haben noch nicht viele Sprossen der Karriereleiter erklommen – meist sind sie sogar diejenigen, die die Leiter halten müssen.

Cashflow – Alles im Fluss? Solange der Cashflow stimmt schon. Denn: Cashflow bedeutet Geldfluss. Und der wichtigste Cashflow für Sie ist der von der Bank zu Ihnen.

Knock-out-Barriere – Auch wenn man darunter vielleicht die Toleranzgrenze vermutet, bei deren Erreichen frustrierte Kunden Ihre Berater k. o. schlagen würden, hat dies erstmal nichts mit Boxen zu tun. Gemeint ist vielmehr eine bestimmte Kursschwelle eines an der Börse gehandelten Vermögensgegenstands (Basiswert). Wird diese über- oder unterschritten, verfällt der Optionsschein und ist wertlos – k. o. sozusagen.

Eurobond – Nein, dieser Begriff ist nicht die neue Bezeichnung von 007, der dann für Europa auf Verbrecherjagd geht. Eurobonds bezeichnen gemeinsame Staatsanleihen für Europa. Damit könnte sich die Staatengemeinschaft Europa auch Geld von ihren

Bürgern leihen. Bisher können das nur „richtige" Staaten wie Griechenland oder Italien. Dies will man mit den Eurobonds aber ändern. Demnach würden alle Europäer für alle europäischen Schulden einstehen. Für manche eine gruselige Vorstellung – meistens für diejenigen, die zahlen müssen.

Outperformer-Zertifikat – Selbst wenn es sich so anhört: Dies ist keine Urkunde, die besondere Mitarbeiter für hervorragende Leistungen erhalten. Ein Outperformer-Zertifikat ist ein Finanzprodukt, bei dem Sie überproportional hohe Gewinne machen können – sobald nämlich das Papier (die Aktie) stärker steigt als erwartet. Aber Achtung. Sind Sie unter einer kritischen Marke, verlieren Sie Ihr gesamtes Geld. Das nennt man dann: out of the money.

Hot Money – Nein, es ist weder heißes Geld, an dem Sie sich die Finger verbrennen, noch Schwarzgeld, wie man im ersten Moment meinen könnte. Mit Hot Money bezeichnen Banken Geld (oft große Summen), das kurzfristig zwischen verschiedenen Ländern hin und her überwiesen wird, um kurzfristige Gewinne zu realisieren. Beispielsweise durch bessere Wechselkurse oder 0,0025 Prozent höhere Zinsen. Für Banken ist Hot Money immer ein Problem. Sie wissen nie, wie lange sie das Geld haben. Da haben die Banken also das gleiche Problem wie Otto Normalverbraucher.

Small Caps, Mid Caps, Large Caps – Hat zwar mit Größen, aber nichts mit Kopfbedeckung zu tun. Hier geht es um die Aktien von kleinen (small), mittleren (mid) oder großen (large) Unterneh-

NIX ZU MACHEN. DA STREIKT SELBST UNSER UNIVERSALTRANSLATOR!
BANK
VERTRAG
173.012 n.Chr.

men (caps). Die Kategorien beziehen sich hier nicht auf das Wachstum oder den Kurs, sondern auf das vorhandene Eigenkapital der Unternehmen.

Wie nutzen Sie als Kunde die Bank wirklich?

Nachdem Sie nun einige der wichtigsten Bankbegriffe sicher und einwandfrei übersetzen können, wird es Zeit, sich endlich an den Bankschalter zu begeben. Oder vielleicht doch nicht? Denn neben der Unterteilung in Kunden, die ihr Geld zur Bank bringen, und denen, die es für teures Geld bei der Bank abholen, kann man die Kunden auch noch danach unterscheiden, wie diese eine Bank nutzen. Und die Zeiten, in denen man noch am Schalter anstehen musste, um eine Überweisung zu machen, sind schon eine ganze Weile vorbei.

Der Onlinekunde

Diese Kunden sind der Bank natürlich am liebsten. Sie verursachen wenig Aufwand, stehlen keine kostbare Arbeitszeit durch nutzlose Fragen und trinken nicht die teuren Nespresso-Kapseln weg. Sind sie dann auch noch Need-Money-Kunden, handelt es sich um die Lieblinge der Banken.

Aber warum sind Onlinekunden so beliebt? Das ist ganz einfach zu beantworten: Diese Kunden sieht die Bank nie. Nicht mal zur Kontoeröffnung. Denn diese findet – wie jede zukünftige Tätigkeit auch – ausschließlich online statt. Es muss also kein Berater stundenlang veraltete Formulare zur Kontoeröffnung ausfüllen oder die Unterschiede zwischen einem Aktivkonto und einem Super-Aktivkonto erklären. Nein, das macht der Onlinekunde alles ganz allein.

Um diese hart umworbene Gruppe auch zu erreichen, müssen Banken aber immense Anstrengungen unternehmen. Als Erstes – und das ist wirklich am wichtigsten – sollte die Bank bei den Suchergebnissen von Google ganz oben stehen. Das heißt: Wenn ein Internetnutzer ein Suchwort eintippt wie beispielsweise „Bank", „Konto" oder „Kredit", sollte die Bank am besten auf Platz eins, zwei oder drei auftauchen. Dazu muss aber auch schon mal ein Heer von sogenannten Suchmaschinenoptimierern beschäftigt werden, die ein ganzes Repertoire an Tricks anwenden, um eine gute Positionierung bei den Suchmaschinen-Ergebnissen zu erreichen.

„Ich zahle nicht gute Löhne, weil ich viel Geld habe, sondern ich habe viel Geld, weil ich gute Löhne zahle."

(Robert Bosch, Unternehmer)

Außerdem noch ganz wichtig für den Onlinekunden: Ein Konto darf nichts kosten, die Zinsen müssen höher sein als bei der Sparkasse um die Ecke. Zudem sollte in den einschlägigen Verbraucher- und Vergleichsportalen ebenfalls ein vorderer Platz herausspringen (denn keiner der Onlinekunden hat jemals bei irgendwelchen Suchergebnissen ans Seitenende gescrollt oder gar auf die zweite

Seite geklickt). Und seit Neuestem muss eine Bank oder ein Kredit auch eine bestimmte Anzahl an positiven Nutzerbewertungen haben (in irgendwelchen Foren, Blogs oder Portalen) sowie mindestens 50.000 Freunde bei Facebook. Für die Bankmitarbeiter sind Onlinekunden auf Dauer jedoch eine nicht zu unterschätzende

Wofür Männer am liebsten Kredite aufnehmen

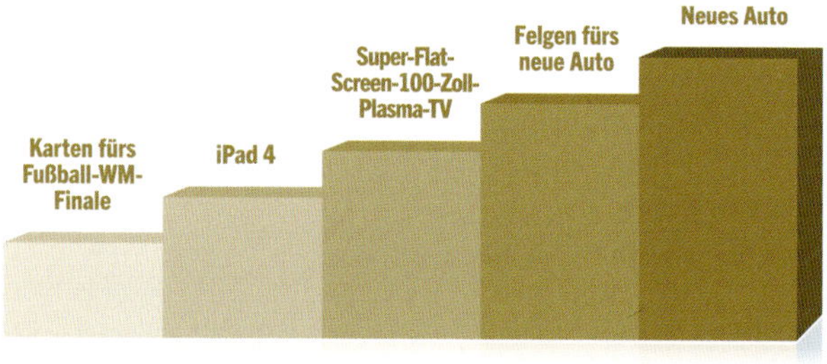

Wofür Frauen am liebsten Kredite aufnehmen

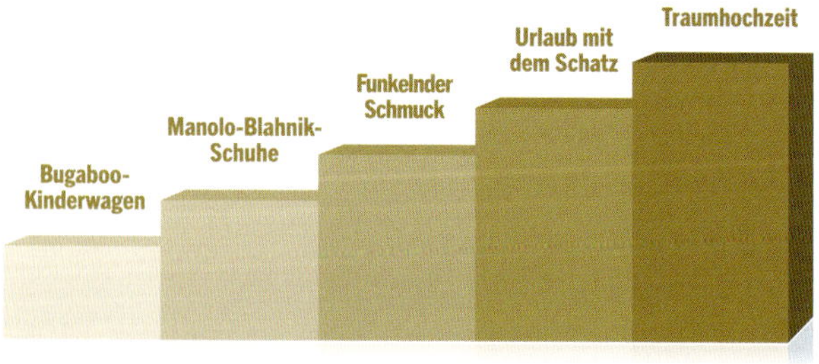

Gefahr. Denn je mehr Kunden nicht mehr in die Bank kommen, umso mehr Filialen und Mitarbeiter kann sich die Bank einsparen. Daher laden gute und vorausblickende Bankberater ihre Kunden auch immer wieder gerne in die Bank ein – selbst wenn es ein unverständlicher Brief ebenfalls getan hätte.

Der Schalterkunde

Und dann gibt es natürlich noch die Bankkunden, die nach wie vor lieber in die Bank gehen. Hauptsächlich, um dort die verbliebenen sozialen Kontakte zu pflegen oder die Kunstwerke an den Wänden zu bewundern. Meistens haben diese Kunden auch kein Onlinebanking beziehungsweise noch nicht mal einen Computer.

Wussten Sie schon? Sie können heute in den USA immer noch mit allen Dollarnoten bezahlen, die nach 1862 gedruckt wurden. Damit ist der Dollar die Banknote mit der längsten Lebensdauer.

Oft werden die verbliebenen Schalterkunden von tapfer dreinblickenden Azubis bedient, die sich beim Anblick der schon bekannten Kunden nicht verdrücken dürfen. Diese Kunden kommen gern auch ohne konkreten Grund in die Bank: beispielsweise um zu fragen, ob das Geld auf dem Sparbuch noch da ist und wann wieder diese tollen neuen Spardosen reinkommen. Oder sie geben eine Überweisung über 4,50 Euro ab, die nochmals akribisch kontrolliert wird und bei der sie sich dreimal versichern lassen, dass die Überweisung auf alle Fälle rechtzeitig rausgeht. Größtenteils sind Schalterkunden auch einfach nur Sicherheitsfanatiker: Sie kommen in die Bank um 50 Euro in Bar abzuheben, weil das sicherer scheint als am Bankautomat, der fünf Meter weiter hängt – schließlich hat man ja schon so viel von Betrug gehört.

Auf der anderen Seite werden Schalterkunden natürlich immer weniger. Um nicht zu sagen: Den Schalterkunden droht bald ein ähnliches Ende wie einst den Dinosauriern.

Kurz zusammengefasst: Man kann Kunden einer Bank also erstmal in solche unterteilen, die Geld haben oder Geld brauchen. Und ob sie in die Bank kommen oder alles online machen. Zu guter Letzt ist es für die Einteilung von Bankkunden auch immens wichtig, wie viel Schotter Sie auf ihrem Konto haben beziehungsweise wie viel Geld Sie der Bank geben können.

Der Basiskunde

Das sind Sie, wenn Sie sehr wenige Produkte bei Ihrer Bank kaufen. Vergleichbar etwa mit nur einem jährlichen Einkauf bei Zalando. Die meisten Basiskunden haben nur ihr Giro- und Tagesgeldkonto bei der Bank und gurken zumeist um den Dispo herum. Der Basiskunde will weder ein eigenes Haus kaufen, noch hat er finanziell Luft für kreative Anlagegeschäfte. Da sich diese Kunden aber zumindest in der Kundenstatistik bemerkbar machen und sich ein Lotto- beziehungsweise Casinogewinn oder sogar eine Erbschaft nie ganz ausschließen lassen, ist der Basiskunde bei einer Bank dennoch immer gern gesehen.

Kunde …

… sind Sie wiederum, sobald Sie die Basisprodukte bei Ihrer Bank nutzen und zusätzlichen finanziellen Spielraum haben, damit Sie sich hin und wieder ein Finanzprodukt „gönnen" können. Das kann die Altersvorsorge genauso wie der Bausparkredit oder der Studiensparplan für den Nachwuchs sein. Gern spricht man hier von Geschäftskunden: nicht unbedingt weil diese Kunden alle Unternehmer sind – ein Geschäft bringen sie aber allemal. Selbst wenn Ihre Ersparnisse sich noch nicht im mittleren fünfstelligen Bereich bewegen, bekommen Sie bei den Beratungsgesprächen aber immerhin schon einen Kaffee (wenn auch nur Filterkaffee). Und je nach Anzahl der Versicherungen, die Sie abschließen, auch mal eine Flasche Wein zu Weihnachten.

„Ich habe viel von meinem Geld für Alkohol, Weiber und schnelle Autos ausgegeben. Den Rest habe ich einfach verprasst."

(George Best, englischer Fußballstar)

Der Vermögenskunde

Befindet sich Ihr Vermögen jedoch im mittleren sechsstelligen Bereich, werden Sie bei Ihrer Bank als Vermögenskunde geführt. Einige Banken sprechen auch gern vom Investmentkunden oder Anleger. Ihr Bankberater ruft Sie proaktiv an, und Sie können auch Termine am Samstag oder nach 19 Uhr vereinbaren. Zudem bekommen Sie richtig guten Kaffee aus der italienischen Designer-Espressomaschine plus Gebäck beim Beratungsgespräch serviert.

Wogegen Männer sich am liebsten versichern würden

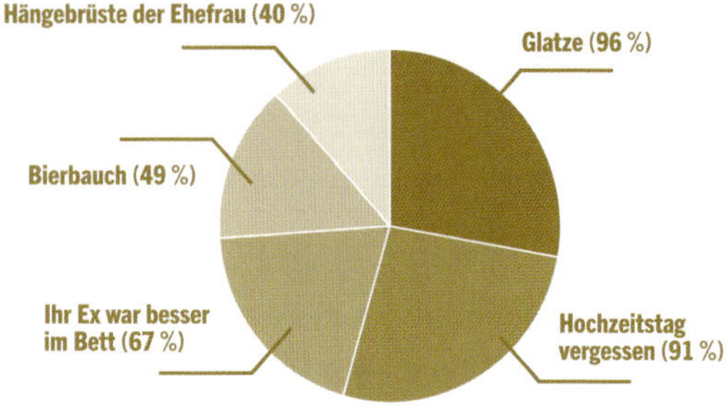

Wogegen Frauen sich am liebsten versichern würden

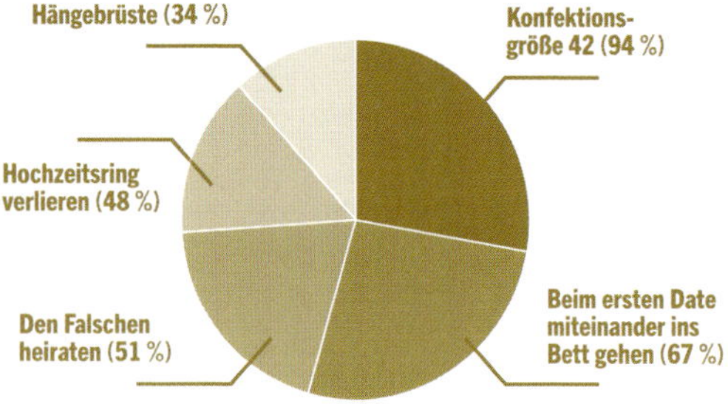

Sie werden also immer das Gefühl haben, dass man ganz auf Ihre individuellen Bedürfnisse eingeht. Als Vermögenskunde sind Sie bei den Banken sehr umkämpft. Es liegt jetzt eigentlich nur noch an Ihnen und Ihrem Berater, aus diesem Premium-Status Kapital zu schlagen.

Der Private-Banking-Kunde

Sie verfügen über einen siebenstelligen Betrag und wollen Ihre Termine auch auf dem Golfplatz vereinbaren? Die Bank soll für Sie alles, was mit Geld zu tun hat, übernehmen? Sie wollen nur über das Wichtigste und Neueste zu diesem Thema diskret informiert werden? Das nennen die Banken dann Wealth Management oder etwas konservativer auch Vermögensverwaltung. Während man Private Banking eigentlich eher bei den Privatbanken vermutet, können Sie heute schon bei Sparkassen oder Volksbanken mit Samthandschühchen und Tee aus einer echten Porzellankanne bedient werden. Diese Dienstleistungen boomen immer stärker, je mehr Menschen lieber Golf spielen, als sich um ihr Vermögen zu kümmern.

Einstufungstest: Welcher Kundentyp bin ich?

Bevor Sie sich nun die Bank aussuchen, die am besten zu Ihnen passt, sollten Sie noch wissen, was Sie eigentlich von der Bank erwarten. Stehen Sie auf gewagte, helle und moderne Architektur? Dann sollten Sie vielleicht zu einer globalen Bank wechseln. Wohnen Sie auf einem kleinen Dorf und möchten Ihren Bankvorstand auch persönlich kennen und ab und zu am Spielfeldrand der lokalen Fußballmannschaft treffen? In diesem Fall empfehlen wir eine

Genossenschaftsbank oder Sparkasse. Oder ist es Ihnen egal, wo die Bank sitzt und ob sie ein weit vernetztes Geldautomatensystem haben – Hauptsache, es gibt kostenloses Onlinebanking und hohe Zinsen aufs Tagesgeld? Dann ist für Sie doch die Direktbank aus einem Randgebiet der EU (wie zum Beispiel die Rabobank aus Holland) die Richtige.

Wussten Sie schon? Mit Kapitalzuschlag ist das Eigenkapital einer Bank gemeint. Für dieses müssen Banken verbindliche Vorschriften einhalten, was natürlich der Sicherheit dient. Zur Risiko-Minimierung müssen Banken mit einer festgelegten Eigenkapitalquote ausgestattet sein.

Im folgenden Check beantworten Sie einfach ein paar Fragen zu Ihrem Bankverhalten – wir suchen anschließend die richtige Bank für Sie aus.

TEST, TEIL 1: Was für ein Geldtyp bin ich?

1. Was benötigen Sie hauptsächlich von Ihrer Bank?

- **a)** Hohe Zinsen aufs Tagesgeld. (3 Punkte)
- **b)** Gut ausgebildete Investmentbanker. (2 Punkte)
- **c)** Niedrige Zinsen auf den Dispo. (– 3 Punkte)
- **d)** Eine unkomplizierte Kreditvergabe. (– 2 Punkte)
- **e)** Hübsche Schalterbeamte. (0 Punkte)
- **f)** Eine Karte, die auch funktioniert, wenn ich wenig auf dem Konto habe. (1 Punkt)

2. Wollen Sie beraten werden? Und wenn ja, wie?

a) Mir sind persönlich-kompetente Beratung, flexible Termingestaltung und ein guter Kaffee sehr wichtig. (3 Punkte)

b) Ich will zumindest von jemandem in Anzug und Krawatte oder schickem Kostümchen beraten werden. (2 Punkte)

c) Ich kann mich zwar im Internet informieren, brauche aber trotzdem einen Ansprechpartner am Telefon. (1 Punkt)

d) Mir ist die Beratung egal, Hauptsache man versteht die FAQs. (0 Punkte)

3. Müssen Sie noch zu Ihrer Bank oder reicht es, wenn die Bank im WWW zu Ihnen kommt?

a) Ich will auch zu Fuß meine Bank erreichen können. (3 Punkte)

b) Im Grunde wäre es schon gut, wenn es meine Bank in ganz Deutschland gibt, da ich häufig umziehe. (2 Punkte)

c) Meine Bank sollte immer genau dann für mich persönlich erreichbar sein, wenn ich einen Kredit benötige – also eigentlich rund um die Uhr und vor allem am Monatsende (1 Punkt)

d) Ich habe in meinem ganzen Leben noch keine Bank von innen gesehen und werde auch zukünftig nur per App und Video banken. (0 Punkte)

4. Wie soll sich Ihre Bank präsentieren?

a) Ich lege Wert auf ein seriöses Erscheinungsbild der Bank wie auch der Berater und einen Namen, den nicht jeder kennt. (3 Punkte)

b) Ich möchte eine moderne, globale und zeitgemäße Bank mit guter Werbung. (2 Punkte)

c) Meine Bank soll die schönsten Gebäude der Stadt besitzen. (1 Punkte)

d) Mir egal, Hauptsache die Webseite und die App funktionieren auch mit Safari. (0 Punkte)

AUSWERTUNG

12 bis 8 Punkte

Sie suchen keine Bank, sondern die eierlegende Wollmilchsau. Das Beste ist Ihnen nicht gut genug. Hohe Zinsen, kompetente Beratung und ein seriöses Image sind das Mindeste, was Sie von einer Bank erwarten. Falls Sie nicht zu den Vermögenskunden zählen, wird das für Sie aber immer ein Traum bleiben. Sie brauchen trotzdem eine schicke Bank? Dann empfehlen wir Ihnen eine Großbank (kommt Ihrem Bedürfnis nach Seriosität entgegen) oder eine Privatbank (das würde zu Ihrem Bild passen, dass Sie gerne nach außen hin abgeben). Oder fehlt Ihnen in Ihrem Leben schon länger der Kick? Dann riskieren Sie doch mal was! Auch eine Off-Shore-Bank könnte eine gute Option für Sie sein – vorausgesetzt Sie fliegen gerne.

7 bis 4 Punkte

Sie benötigen eine Szene-Bar und keine Bank! Am wichtigsten sind für Sie: der schöne Schein und attraktive Mitmenschen. Sie brauchen Aufmerksamkeit wie die Luft zum Atmen – und die bekommen Sie vor allem durch den häufigen Gebrauch Ihres Smartphones (das gleichzeitig Ihr wichtigstes Statussymbol ist). Klar kann es sein, dass Sie vor lauter Imagepflege auch mal einen Dispokredit benötigen. Den kann Ihnen aber auch der Barkeeper Ihres Vertrauens besorgen. Sie kommen trotzdem nicht ohne eine Bank aus? Dann empfehlen wir Ihnen eine Direktbank (so können Sie Ihr Smartphone noch öfter benutzen) beziehungsweise eine Ökobank (diese ungewöhnliche Wahl imponiert den Menschen, mit denen Sie sich gern umgeben). Oder denken Sie doch mal drüber nach, die Szene-Bar durch eine Spielbank zu ersetzen! Die Menschen sind glamouröser und die Bank an sich ist Ihnen sowieso egal.

3 bis 0 Punkte

Sie wollen keine Bank, sondern eine große Matratze. Denn insgeheim glauben Sie, dass Ihr Geld unter Ihrer Matratze am sichersten aufgehoben ist. Schauen Sie sich doch mal in Ihrer Stadt um: Es gibt zahlreiche Outlets, die Matratzen in allen Ausstattungen und jeder Qualität zu günstigen Preisen verkaufen. Da verlieren Sie nur durch die Inflation und müssen sich erst gar nicht mit den Finanzen beschäftigen. Wegen des Dauerschlafs brauchen Sie ab und zu doch einen Dispokredit? Dann fragen Sie am besten Ihre Mutter, Tante oder Oma. Die wollen bestimmt auch nicht, dass Sie Überziehungszinsen zahlen. Sie benötigen dennoch eine Bank, schließlich haben Ihre Freunde auch eine? In diesem Fall empfehlen wir eine Genossenschaftsbank oder Sparkasse, die sind perfekt auf Matratzen-Sparer eingestellt. Oder falls Sie gern spazieren gehen, ist die Parkbank sicherlich eine Alternative (falls Mutti, Tante oder Oma doch mal keinen Groschen mehr für Sie haben). Bei der Parkbank finden Sie Abwechslung und neue Freunde – die vielen sozialen Kontakte bringen bestimmt auch wieder mehr Schwung in Ihr Leben.

Mein (neuer) **BANKBERATER** und ich

„Wenn man kein Geld hat, denkt man immer an Geld. Wenn mal viel Geld hat, denkt man nur noch an Geld."

(Paul Getty, Öl-Milliardär)

Eine Typologie der Bankberater

Die Beziehung mit einem Bankberater hält oft länger als die mit dem eigenen Ehepartner. Es ist ja auch eine ganz besondere Beziehung. Aber welche Typen gibt es unter den Bankberatern? Und falls ich plane, mir einen anzuschaffen (auch als Zweitberater): Worauf muss ich achten? Und wie werde ich eigentlich Bankdirektor, selbst wenn ich als Kind noch gar nicht wusste, dass man diesen Beruf überhaupt ausüben kann?

Nachdem es so viele unterschiedliche Banken gibt, ist klar, dass für sie jede Menge Bankberater arbeiten: Fast 700.000 waren es 2010.[10] Und so wie der seriöse, klug vorausschauende und immer hilfsbereite Banker Sie berät, können Sie mit etwas Pech natürlich auch an einen Berater geraten, der in der Spielbank besser aufgehoben gewesen wäre. Aber woran erkennen wir einen guten Bankberater? Sagt seine Krawatte eventuell etwas über seine beruflichen Fähigkeiten aus?

Der jung-dynamische Berater

Sie legen Wert auf eine umfassende Beratung und persönlichen Kontakt, wollen aber eigentlich nur ein Girokonto eröffnen? Dann ist der jung-dynamische Berater genau das Richtige für Sie, auch wenn heute schon absehbar ist, dass Sie den Status eines Basiskunden vermutlich nie überschreiten werden. Jung-dynamische Berater sehen gut aus, haben ihre Ausbildung schon abgeschlossen, tragen aber noch bunte Krawatten und wissen, sie können es bis ganz nach oben schaffen.

Der jung-dynamische Berater ist hoch motiviert und wird sich immer intensiv um Sie kümmern: Schreiben Sie ihm einmal eine E-Mail beziehungsweise fragen Sie nach einer Anlagemöglichkeit, wird er Sie sofort zurückrufen. Notfalls auch täglich. Vielleicht auch mehrmals. Er wird zufällig und arbeitseifrig bei Ihrem Gartenfest und zu Ihrem Geburtstag aufkreuzen, um Ihnen ein neues, spannendes Investment zu empfehlen, von dem er gerade jetzt erst erfahren hat und das auch für kleine Beträge interessant ist.

Wussten Sie schon? In Zentralrussland gab es 1918/19 Geldscheine, die nicht durch Gold, Silber oder andere Edelmetalle gedeckt waren, sondern durch Opium.

Für Sie ist der jung-dynamische Berater eine gute Wahl, wenn Sie selbst jung und dynamisch sind. Oder sich zumindest noch jung und dynamisch fühlen. Mit etwas Glück (und falls der Berater nicht auf eine besser bezahlte Stelle zu einer anderen Bank wechselt) können Sie mit ihrem jung-dynamischen Berater Ihr gesamtes Finanzleben durchlaufen. Bis dass der Tod oder die Pensionierung Sie scheidet. Wem also eine beständige Beziehung wichtig ist und wer sich so etwas wie Service wünscht – auch ohne Private-Banking-Kunde zu sein –, der ist mit diesem Typ gut beraten.

Sie wollen keinen Bankberater, der weiß, wo Sie wohnen? Wie wär's mit einer Online- oder Direktbank? Denn das ist so ziemlich die einzige Möglichkeit, sich der aufopferungsvollen Pflege des jung-dynamischen Beraters zu entziehen.

„An der Börse machen Leute mit Erfahrung eine Menge Geld, und Leute mit einer Menge Geld machen Erfahrungen."
(Philip A. Fisher, Wertpapieranalyst)

Der seriös-erfahrene Berater …

… wird Ihnen gleich im ersten Gespräche zu verstehen geben, wie viel erfahrener und damit überlegener er Ihnen ist. Dabei lächelt er charmant und Sie werden merken, welche Ähnlichkeit er mit George Clooney besitzt: diese grau melierten Haare, der gut sitzende Anzug und die dazu passende einfarbige Krawatte. Der seriös-erfahrene Berater hat sich mühsam auf diese Position hochgearbeitet, und Sie bekommen ihn natürlich nur zu Gesicht, wenn Sie zumindest ein Vermögenskunde sind. Darunter macht er es nicht mehr – auch wenn er natürlich noch weiß, wie man ein Konto eröffnet oder 50 Euro ausbezahlt.

Der seriös-erfahrene Berater kann Ihnen die kompliziertesten Finanzprodukte empfehlen, ohne dass er dazu irgendwo nachschlagen muss. Mag die Anlage für Sie auch noch so rätselhaft er-

BANK
WIE WAR DAS NOCH MAL, FRAU SCHMIDT? LEGEN WIR DAS GELD AN ODER VERBRENNEN WIR ES EINFACH?
WENN BANKBERATER NICHT MEHR DURCHBLICKEN!

scheinen, er weiß ganz genau – dank seiner langjährigen Erfahrung und fachlichen Kompetenz –, wie hoch die Risiken sind und wie sich das Produkt seit seiner Markteinführung Tag genau entwickelt hat (selbst wenn die Markteinführung schon 20 Jahre zurückliegt).

Nachfragen toleriert er jedoch nicht. Stellen Sie dennoch eine Frage, wird er die Augenbrauen hochziehen und einen kleinen Seufzer ausstoßen. Erkundigen Sie sich also besser nicht, sondern vertrauen Sie einfach blind. Etwas anderes bleibt Ihnen ja auch gar nicht übrig. Der seriös-erfahrene Berater hilft Ihnen auf jeden Fall in allen Lebenslagen – allerdings nur so lange Sie ausreichend Vermögen haben.

Was von Bankern gesagt wird & Was gemeint ist

„Schön, Sie zu sehen."

Gut, dass Sie da sind. Ich muss nämlich noch ein paar Versicherungen verkaufen – sonst tobt mein Vorstand.

„Dieses innovative Produkt verspricht eine hohe Rendite."

Wenn Sie Glück haben, verlieren Sie nicht Ihr ganzes Geld.

„Sie müssen in der momentanen Situation antizyklisch investieren."

Sie haben doch noch Geld auf dem Sparbuch. Wollen Sie uns das nicht zum Spielen geben?

„Die Rendite kann nicht garantiert werden."
Sie wissen doch, dass die Zahlen im Produktinformationsblatt reine Phantasiewerte sind.

„Es gibt jetzt eine ganz spannende Alternative zum Sparbuch mit der Chance auf eine hohe Schlussüberschussbeteiligung am Ende."
Leihen Sie uns doch für eine Weile Ihr Geld – es liegt doch sowieso nur nutzlos auf Ihrem Sparbuch rum und wird dort wegen der Inflation immer weniger.

„Über die Laufzeit betrachtet ist die Rendite überproportional im Vergleich zu klassischen Geldanlagen."
Sie bekommen zwar mit etwas Glück 0,25 Prozent mehr Zinsen als beim Sparbuch – aber unser Verdienst an den Abschlusskosten ist ebenfalls höher als beim Sparbuch.

„Unser Haus ist auf eine transparente und rentable Anlagestrategie bedacht."
Wir lassen uns bei zwielichtigen Finanzgeschäften sicher nicht erwischen.

„Nachhaltigkeit ist fest in unserer Unternehmenskultur verankert."
Wir haben uns für unseren Geschäftsbericht ein paar Geschichten ausgedacht, die uns in einem besonders positiven Licht dastehen lassen.

Der investmentorientierte Berater

Diesen Berater erkennen Sie an seiner Uhr und der schmalen Ton-in-Ton-Krawatte. An der Uhr erkennen Sie auch sofort, wie gut er seinen Job wirklich macht: Trägt er eine Panerai, Breitling, Patek oder eine Lange und Söhne am Handgelenk, ist er richtig, richtig gut. Dann müssen Sie nur noch entscheiden, ob Sie ihn so gut finden, dass Sie ihm Ihr ganzes Geld anvertrauen – oder ob er gleich so gut ist, dass Sie Ihr Geld lieber behalten.

Prinzipiell kümmert sich der investmentorientierte Berater weniger um den alltäglichen Kram wie etwa Girokonten oder Bausparkredite. Bei solchen Fragen wird er Sie mit einem Lächeln an den Azubi verweisen. Für ihn zählen wichtigere und spannendere Dinge. Ein guter Investmentbanker hat mindestens vier Bildschirme auf seinem Schreibtisch, um die Börsen in den entlegensten Winkeln der Erde im Auge zu behalten. Und im Gegensatz zu anderen Menschen, die schon mit einem Bildschirm überfordert sind, hat er alles im Griff. Er kennt die besten Investments für jede Lebenssituation – bei ihm sind Sie also immer in guten Händen.

Sollte Ihr Investment wider Erwarten einmal nicht overperformen (umgangssprachlich: steil gehen) und Sie deshalb panisch Ihren Berater konsultieren, wird er müde lächeln und die Augen genervt rollen (Sie tun ja gerade so, als ob das Unsummen wären, die Sie da investieren ...). Danach erklärt er Ihnen in einem 20-minütigen Monolog, warum der Verlust normal ist, dass Sie Geduld haben müssen und Investmentanlagen keine Sparbücher sind, die sich

Was man für Geld nicht kaufen kann

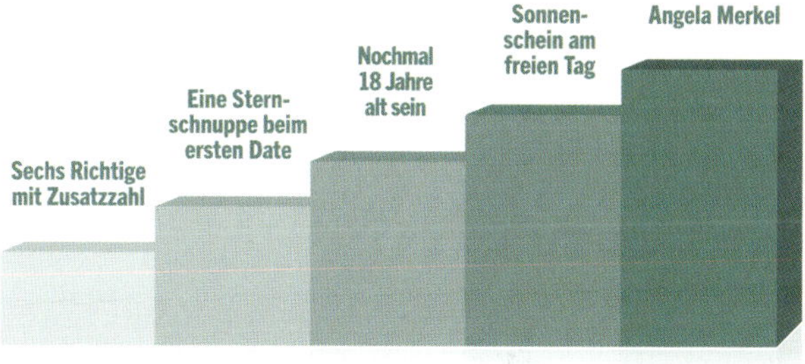

linear entwickeln. Irgendwann werden Sie sich damit abfinden, nicht zu verstehen, wie das mit den Anlagen funktioniert, aber begreifen, dass alles völlig normal ist und Ihr Investmentbanker alles im Griff hat. Ein Investmentbanker ist dann für Sie die richtige Wahl, wenn Sie auf Abenteuer stehen und mehr Geld haben, als Sie selbst ausgeben können.

Der Versicherungsfetischist

Jeder Mensch braucht – zumindest zu Beginn seines finanziellen Lebens – einen Bankberater, der Versicherungsfetischist ist. Gerade wenn man anfängt, auf eigenen Füßen zu stehen, sollte man sich von jemandem beraten lassen, der weiß, was eine Versicherung ist. Und: Welche man unbedingt benötigt. Sie erkennen diese Berater an den Krawatten in der Firmen-CI-Farbe und der Krawattennadel (damit die Krawatte beim Essen nicht in die Suppe fallen kann – Sie sehen, er kennt jedes Risiko).

Wussten Sie schon? Insgesamt wurden deutschlandweit über 450 Millionen Versicherungen abgeschlossen. Das bedeutet bei etwa 80 Millionen Einwohnern, dass jeder Deutsche über fünf Versicherungen hat. Am häufigsten schließt der Deutsche Schadens- und Unfallversicherungen ab.[11]

Wichtig ist dabei, einen Berater zu finden, der einem nicht zu viele Versicherungen verkauft, denn es gibt wesentlich mehr Versicherungen als Risiken im Leben. Lassen Sie sich also keinesfalls einen Verkehrsrechtsschutz aufschwatzen, wenn Sie gar kein Auto besitzen. Selbst wenn die Prämie (also das, was Sie zahlen) günstig ist und auch für Fußgänger relevant sein könnte.

Als Student benötigen Sie beispielsweise auch keine Berufsunfähigkeitsversicherung: Diese Versicherung versichert Sie nicht dagegen, dass Sie sich später im Beruf unfähig anstellen, sondern nur dafür, dass Sie Ihren Beruf nicht mehr ausüben können. Und in dem arbeiten die meisten Studenten noch gar nicht.

Ein guter Versicherungsfetischist wird immer genau wissen, welche Versicherung für Sie in welcher Lebensphase sinnvoll ist. Sie erkennen den guten Versicherungsfetischisten auch daran, dass er Ihnen mindestens einmal im Leben rät, eine Versicherung zu kündigen. Aber Achtung: Sollte er Ihnen nur raten, eine Versicherung zu kündigen, damit Sie dieselbe Versicherung bei ihm günstiger abschließen, dann zählt dies nicht.

Suchen Sie sich diese Art von Berater immer in den wichtigen Lebensphasen. Denn man kann nie gut genug abgesichert sein. Das Leben ist schließlich kein Ponyhof!

Einstufungstest: Was für einen Bankberater habe und brauche ich?

Ist mein derzeitiger Bankberater der richtige für mich oder muss ich mir einen trendigeren, seriöseren, risikofreudigeren oder gar virtuelleren suchen? Mit diesem Check können Sie überprüfen, ob Sie den richtigen Bankberater eventuell schon gefunden haben oder noch nach ihm fahnden müssen ...

TEST: Habe ich auch den allerbesten Bankberater?

1. Wie lange kennen Sie Ihren Bankberater schon?

a) Ich habe den Bankberater von meinen Eltern geerbt. (3 Punkte)

b) Meinen Bankberater habe ich beim Erstgespräch am Schalter kennengelernt. Er ist wirklich nett. (2 Punkte)

c) Bankberater? Ich kenne nur dio netten Damen und Herren von der Hotline. (1 Punkt)

d) Meinen Sie den Absender „Do not reply“, der immer meine E-Mails beantwortet? (0 Punkte)

2. Wann und wie oft sprechen Sie normalerweise mit Ihrem Bankberater?

a) Ich treffe meinen Bankberater regelmäßig beim Golfen und habe ein besseres Handicap. (3 Punkte)

b) Immer wenn ich fast über meinem Dispo bin, ruft mich mein Bankberater an und schlägt mir kreative Lösungen oder neue Kredite vor. (2 Punkte)

c) Jeden letzten Donnerstag oder Freitag des Monats meldet sich mein Bankberater und verkauft mir die neuesten Investmentprodukte mit starker Rendite. Man müsse nur Geduld haben, murmelt er zwar immer – aber er wird es schon wissen. (1 Punkt)

d) Ich weiß nicht einmal, wo meine Bank eine echte Filiale hat. Wozu gibt es Smartphone-Banking-Apps und Videobetreuung? (0 Punkte)

3. Wie viele Bankberater hatten Sie schon?

a) Immer noch den gleichen, der mich schon als Schüler betreut hat. Damals als Azubi, heute als stellvertretender Abteilungsleiter. (3 Punkte)

b) Mittlerweile ist mein Berater in Rente, aber ich werde jetzt von seinem Sohn betreut. (2 Punkte)

c) Ich habe alle zwei Monate einen neuen Bankberater, die aber alle sehr nett und meistens auf Investments spezialisiert sind. (1 Punkt)

d) Bankberater? In meiner App kann ich direkt Fragen stellen. (0 Punkte).

4. Welche Produkte haben Sie bei Ihrem Bankberater gekauft?

a) Mein Bankberater kümmert sich nur um mein Konto, meinen Hauskredit und meine Altersvorsorge. Ist alles aufeinander abgestimmt. (3 Punkte)

b) Mit meinem Geld beschäftigt sich ausschließlich mein Bankberater. Ich werde aber immerhin von ihm gefragt, bevor er in irgendetwas Interessantes investiert. (2 Punkte)

c) Vom Sparbuch bis zur Altersvorsorge – mein Bankberater hat alles für mich ausgesucht. Und versichert mir bei jedem Besuch, dass alles bestens ist und geringe Schwankungen ganz normal sind. (1 Punkt)

d) Produkte? Wenn ich Produkte will, dann bestelle ich bei Zalando. (0 Punkte)

5. Wie verhält sich Ihr Berater, wenn Sie sich zufällig auf der Straße begegnen?

a) Ich sehe ihn sowieso regelmäßig beim Golfen oder Tennisspielen – und da reden wir rein über Privates. (3 Punkte)

b) Er wirkt etwas erschrocken, zahlt mir aber immer ungefragt einen Whiskey Cola/Aperol Spritz. (2 Punkte)

c) Er winkt mir kurz zu und verschwindet dann Hals über Kopf. (1 Punkt)

d) Begegnet? Bin ich ihm noch nie. Aber irgendwer muss die E-Mails ja schreiben. (0 Punkte)

AUSWERTUNG

15 bis 12 Punkte

Sie und Ihr Bankberater sind ein eingespieltes Dream-Team und machen Ernie und Bert beziehungsweise Scottie Pipen und Michael Jordan ernsthaft Konkurrenz. Natürlich gibt es wie in jeder langjährigen Beziehung auch in Ihrer ab und zu Differenzen – sie drehen sich um Bulle und Bär (siehe dazu Seite 120), Soll und Haben sowie lang- oder kurzfristige Investitionen. Doch auch die lassen sich überwinden, denn Sie können Ihrem Berater vertrauen und der schätzt nichts mehr als kontrollierte Veränderungen und Seriosität. Die ominöse schnelle Rendite und das risikoreiche Zocken sind Ihrem Berater eher fremd. Und am Ende Ihrer gemeinsamen finanziellen Laufbahn werden Sie sich öfters zum Darten oder Golfen treffen. Wenn Sie diese Wertschätzung an Ihre Kinder weitergeben, steht einer generationenübergreifenden Zusammenarbeit nichts im Wege. Sie haben einen Bankberater zum Vererben. Passen Sie gut auf ihn auf.

11 bis 8 Punkte

Ihr Bankberater kann sich nicht entscheiden, ob er seriös oder innovativ sein soll, hat aber die schöne Eigenschaft, sich nicht ständig in Ihr Privatleben einzumischen. Stattdessen arbeitet er lieber mit Ihrem Geld. Falls Sie das für einen lobenswerten Wesenszug halten, können Sie auf Ihren Bankberater zählen. Erwarten Sie aber lieber nicht zu viel Eigeninitiative von ihm. Er wird Sie sicher nicht freiwillig darüber informieren, was er mit Ihrem Geld anstellt. Sollten Sie etwas von ihm wollen, müssen Sie schon selbst aktiv werden.

7 bis 5 Punkte

Prüfen Sie doch mal, ob Sie überhaupt einen Bankberater haben?! Es kann nämlich sein, dass Sie bei Ihrer Bank schon lange in Vergessenheit geraten sind. Das macht Ihnen nichts aus? Dann sind Sie mit der Hotline und einer eher sporadischen Kontaktaufnahme gut beraten. Falls Sie doch einen Bankberater haben, fragen Sie ihn mal bei Gelegenheit, was er eigentlich mit Ihrem Geld macht. Wenn er überhaupt noch da ist und nicht ganz selbstständig und ungefragt Ihre Ersparnisse angelegt hat. Natürlich in Ihrem Interesse und zu Ihrem Vorteil. Zumindest vom Grundgedanken her.

4 bis 1 Punkt

Sie haben einen kreativen Berater, der sich vor allem mit Investments und grauen Anlagen auskennt. Seine Idole sind J.P. Morgan sowie Felix Rohatyn, und künstlerisch Wertvolles sieht er nur in Kurven und zweifarbigen Diagrammen. Sofern Sie der Bank nicht ihr komplettes Wealth Management übergeben haben, sollten Sie hin und wieder einmal unauffällig nachfragen, was denn Ihr Geld gerade so macht. Je öfter Sie nachfragen, umso größer ist die Wahrscheinlichkeit, dass Ihnen zumindest etwas davon bleibt.

0 Punkte

Übrigens: Bankberater sind die gut aussehenden Menschen, die mit Anzug und Krawatte in echten Banken herumspazieren. Sie denken zwar, dass Sie die nicht brauchen und alle wichtigen Infos im Internet finden, aber unser Tipp wäre, sich doch mal mit einem echten Menschen statt mit einer FAQ zu unterhalten.

Was die Bank alles bietet – und warum ich's BRAUCHE

Im Überblick – die Produkte der Banken

Die Bank ist meist nicht nur regionaler Arbeitgeber und architektonisches Highlight der Innenstädte, sondern regelt auch unser komplettes Leben. Zumindest die Bezahlung unseres kompletten Lebens. Das ist deshalb möglich, weil Banken eine riesige Auswahl an Produkten anbieten: Für jede Lebenslage findet sich immer genau die richtige (Finanz-)Lösung.

Aber was machen Banken eigentlich sonst noch, außer Geld zu verleihen und Sparbücher auszustellen? Welche Finanzprodukte gibt es? Und warum bloß?

Wussten Sie schon? In Deutschland gab es 2010 mehr Girokonten als Einwohner: insgesamt 94,5 Millionen Girokonten bei knapp 82 Millionen Einwohnern. Dabei steigt die Zahl der Onlinekonten stetig, und 2010 waren es dann schon fast 50 Prozent der Girokonten, die online geführt wurden (also 45,1 Millionen Konten).[12]

Eins, zwei oder drei: Wie viele Konten sind lebensnotwendig?

Jeder hat es: das gute alte Girokonto. Das, auf dem am Ende vom Geld immer so viel Monat übrig bleibt. Das Konto, das eine Verzinsung aufweist, die fast negative Werte annimmt. Aber auch das Konto, ohne das man keinesfalls existieren kann.

Das Girokonto beziehungsweise seine direkten Vorfahren gibt es bereits seit dem elften Jahrhundert. Seit dieser Zeit sind nämlich bargeldlose Zahlungen oder Überweisungen auf Konten anderer Banken bekannt. Und schon im 14. Jahrhundert wurde dieses Bezahlungssystem auch überregional verwendet.

Heute benötigt jeder Deutsche ein Girokonto: fürs Gehalt, zum Mietezahlen, Tanken, GEZ-Abbuchen und Schuhekaufen. Viele beschweren sich dabei über die Zinsen: Wenn man im Plus ist, meist über die niedrigen; sobald man sich aber für 15 Minuten mit ein paar Kröten im Minus befindet, über die horrenden Zinsen im gefühlt dreistelligen Bereich. Die Diskrepanz auf den Girokonten zwischen Haben- und Sollzins ist nach wie vor eines der großen Mysterien der Finanzwelt.

Dieses Konto hat mittlerweile bei allen Banken einen anderen Namen – vom Prinzip her funktionieren sie aber alle gleich: Sie bezahlen keinen oder nur einen geringen Betrag für Ihre Kontoführung, bekommen keinerlei Zinsen, können aber sämtliche Rechnungen fortan mit einer Plastikkarte bezahlen. Warum das so wichtig ist? Stellen Sie sich nur einmal vor, Sie würden Ihr Gehalt am Monatsende immer bar bekommen. Und das soll dann bis zum nächsten Monatsende reichen. Können Sie sich nicht vorstellen? Wäre das Geld bei Ihnen auch nach spätestens fünf Tagen komplett weg – weil es immer in handlichen 50-Euro-Scheinen auf der Kommode liegen würde? Ja genau, deshalb bekommen Sie Ihr Gehalt auch aufs Konto.

LOHN IN BAR?
ODER AUFS GIRO?

Sparen, investieren oder ausgeben: Wohin bloß mit dem ganzen Geld?

Sie haben mehr Geld, als Sie brauchen? Oder weniger, als Sie gerne hätten? Kein Problem, in beiden Fällen kann Ihnen geholfen werden. Denn dafür gibt es sie ja: die Banken. Ähnlich wie Robin Hood nehmen sie es von dem einen und geben es dem anderen – allerdings ohne sich mit dem Sheriff anzulegen oder Lady Marian zu schwängern.

Die Zeiten, in denen man sein Geld zur Bank brachte und es sich jedes Jahr automatisch vermehrte, sind mittlerweile leider vorbei. Das Sparbuch – oder heute modern Tagesgeldkonto – ist keine Geldanlage mehr im engeren Sinne. Der einzige Vorteil, den die Sparbücher oder Tagesgeldkonten noch bieten, ist, das Geld nicht im Geldbeutel zu haben, wenn man an einem Schaufenster vorbeiläuft. So ist man weniger versucht, es gleich wieder auszugeben.

Heutzutage mit Geld Geld zu verdienen, wird aber immer schwieriger – selbst für die Banken. Folglich werden die Produkte immer komplexer und die Renditen immer kleiner. Ob Sie eher sparen oder investieren, ist Ihre persönliche Entscheidung, die natürlich immer davon abhängig gemacht werden sollte, wie viel Geld Ihnen tatsächlich zur Verfügung steht.

Fragen Sie doch einfach Ihre Bank. Aber behalten Sie auf jeden Fall im Hinterkopf, dass eines der Synonyme für investieren „alles verlieren" ist. Damit müssen Sie heute leben – ansonsten auf Zin-

Das Sparbuch

- Das gute alte Sparbuch ist bei den Deutschen nach wie vor sehr beliebt: Über 600 Milliarden haben sie auf ihren Sparbüchern und für 54 Prozent sind Sparbücher nach wie vor die sicherste Geldanlage.[13]
- Das erste Sparbuch wurde 1818 in Berlin ausgegeben; andere Quellen verorten es 1819 in Österreich.
- Das heute wohl älteste Sparbuch in Deutschland, das immer noch genutzt wird, wurde am 12. Mai 1904 mit 50 Mark eröffnet. Es erzählt die Geschichte von zwei Weltkriegen, mehreren Wirtschaftskrisen und einem Wirtschaftswunder. Dokumentiert sind alle Abhebungen und Einzahlungen, die Entwertungen 1945 und die Entschädigung für die Entwertung in den 50er-Jahren.
- Sparbücher können übrigens auch vergessen werden. So wie im Fall eines 1959 eröffneten Sparbuchs mit 106.000 Mark, bei dem der Inhaber früh starb. Über die Jahrzehnte konnte man beobachten, wie sich der Zinseszins auswirkte. Über 300.000 Euro waren aus dem Geld geworden – auch wenn die Bank es nicht auszahlen wollte und erst von einem Gericht dazu überredet werden musste.

sen verzichten und ein Sparbuch eröffnen. Da verlieren Sie theoretisch nichts, und wenn Sie sich Ihr Geld Jahre später wieder auszahlen lassen, haben Sie fast genauso viel wie vorher. Wieso nur fast so viel? – werden sich jetzt einige fragen. Weil das Geld durch die Inflation immer weniger wert wird. Ein Beispiel: Ein VW Käfer kostete 1960 noch 4.600 D-Mark, das Nachfolgemodell Golf 2013 schon fast 34.000 D-Mark (umgerechnet). Für das gleiche Geld (4.600 D-Mark) bekommen Sie heute nur noch die Autofelgen. Sie sehen, für Ihr Geld können Sie immer weniger kaufen – was die Zinsen leider nicht auffangen.

Okay, werden Sie jetzt sagen, dann investiere ich mein Geld doch lieber. Da soll es ja viel bessere Renditen geben als auf dem Sparbuch. Wie würde das Ganze also mit Aktienanlagen aussehen, hätten Sie 1960 die 4.600 D-Mark angelegt? Bei beispielsweise 13 VW-Aktien, die Sie damals für jeweils 350 Mark gekauft hätten, wäre Ihr Vermögen im Oktober 2008 bei etwa 6.487 Euro gelegen (umgerechnet fast 13.000 D-Mark).

Hätte sich das gegenüber dem Sparbuch gelohnt? Nicht wirklich. Legt man eine Verzinsung von durchschnittlich zwei Prozent über die 48 Jahre (1960 bis 2008) zugrunde, dann hätten Sie mit Zins und Zinseszins ein Vermögen von 6.468 Euro angespart. Also nur 19 Euro weniger im Oktober 2008, als die Aktie gerade ihren Höchststand hatte. Und bereits im Dezember 2008 wäre der Sparer deutlich besser dagestanden – in diesem Monat legte die VW-Aktie nämlichen einen steilen Sinkflug hin.

Sie sehen: Die Frage, ob Sie nun besser investieren oder sparen sollten, ist nicht eindeutig zu beantworten. Investments bieten eindeutig mehr Nervenkitzel – von heute auf morgen können sie völlig wertlos oder gigantisch wertvoll werden –, erfordern aber auch eine gewisse innere Gelassenheit und keine Angst vor grauen Haaren.

Kredite – das moderne, nachgelagerte Sparen

Früher lernten die Kinder, dass man erst lange und mühevoll auf etwas sparen musste, bevor man es sich leisten konnte. Dazu hat jedes Kind immer am Weltspartag sein prall gefülltes Sparschwein auf die Bank gebracht und ein kleines Geschenk erhalten. So wurde der Gedanke des Sparens schon früh in den Köpfen der Kinder verankert. Perfektioniert wurde dies im Schwabenland. Heute lehrt unsere Kinder aber bereits jeder Elektromarkt, dass man sich alles kaufen und bis zur Rente in monatlich fünf Euroraten abzahlen kann. Und gegen die Null-Prozent-Finanzierungswerbungen im Fernsehen sind selbst die traditionellsten Schwaben machtlos.

Wobei wir gleich beim Thema wären: Kredite vergeben in erster Linie die Banken. Deshalb werden sie fachsprachlich auch Kreditinstitute genannt. Banken vergeben Kredite für prinzipiell alles, solange Sie einen Gegenwert wie ein Haus oder vernünftiges Auto besitzen, das Ihnen die Bank notfalls wegnehmen kann. Bei einem Kredit muss man dabei aber nicht einmal an den eigenen Villenkauf denken – immer mehr Banken werben immer offensiver mit Kleinkrediten oder Konsumkrediten zwischen 1.000 und 3.000 Euro. Sie wollen einen Urlaub, ein iPad oder ein neues Mountainbike? Haben aber vergessen, darauf zu sparen? Kein Thema, sprechen Sie mit Ihrer Bank – die kennen das Problem.

Was Kunden sagen & Was sie meinen

„Ich überlege, ob ich einen neuen Wagen brauche."
Mein Nachbar hat ein neues Auto. Bitte geben Sie mir einen Kredit.

„Gibt es zu dem Kredit auch eine Restschuldversicherung?"
Um den Kredit zurückzuzahlen, brauche ich sehr viel Glück.

„Eigentlich bin ich mit meinem Röhrenfernseher ja glücklich."
Oh mein Gott, ist der 60-Zoll-Black-LED-Fernseher geil! Aber meine Frau bringt mich um – selbst mit null Prozent Finanzierung.

Was Verkäufer sagen & Was sie meinen

„Die Sonderaktion läuft nur noch zwei Tage. Ich würde mir das schnell überlegen, so eine Gelegenheit kommt nie wieder."
Wir haben noch 500 dieser Geräte auf Lager.

„Für dieses Produkt haben wir eine günstige Finanzierung."
Ich weiß, dass Sie sich das Gerät gar nicht leisten können.

„Für dieses Produkt haben wir eine Finanzierung ohne Schufa-Auskunft."
Wir müssen dieses Produkt so dringend verkaufen, dass es uns sogar egal ist, ob Sie es bezahlen können.

Durch dieses nachgelagerte Sparen (ich kaufe erst und spare dann) haben alle einen Vorteil: der Kunde, weil er ein Produkt kaufen kann, ohne das er für den Rest seines Lebens kreuzunglücklich geworden wäre – es sich aber eigentlich nicht hätte leisten können. Der Hersteller, weil er etwas verkauft, was der Kunde eigentlich nicht benötigt und finanziell auch nicht hätte stemmen können. Die Bank, weil sie statt (wenn auch nur geringe) Zinsen auf das Ersparte zahlen zu müssen, nun satte Zinsen für das Geliehene bekommt. Und das alles nur, weil man den Zeitpunkt des Sparens nach hinten – also nach den Kauf – verlegt hat.

Kredite bekommen Sie heute überall. Nicht nur traditionell in der Bank, sondern auch beim Auto-, Elektronik- und Fahrradhändler, im Küchenstudio oder in der Kneipe um die Ecke. Wobei der Wirt um die Ecke im Grunde Vorreiter des nachgelagerten Sparens ist. Dort wurde das quasi erfunden. Diese Kredite bekommen Sie schon ab nominal 0,0 Prozent Zinsen. Was bedeutet, dass Sie fürs Geldleihen keine Zinsen mehr zahlen – aber nicht heißt, dass Sie das Geldleihen gar nichts mehr kostet. Statt Zinsen zahlen Sie halt Abschluss- oder Prüfgebühren, die letztlich oft teurer sind als der gute alte Zins.

Lassen Sie sich also von verführerischen 0,0-Prozent-Nominalzins-Angeboten nicht täuschen. Fragen Sie einfach ganz naiv, was Sie das Geld denn nun kostet: Wie viel Sie bekommen und dafür bezahlen müssen. Notfalls fragen Sie mit schwäbischem Akzent bei Ihrem Vermittler nach …

Versicherungen – abgesichert durchs Leben

Um es mit einem leicht abgewandelten Zitat von Mark Twain zu erklären: Versicherungen verkaufen Ihnen einen Regenschirm und tragen Ihnen diesen hinterher, wenn die Sonne scheint, aber geben Ihnen den Schirm nicht, falls es mal regnen sollte. Natürlich hat Mark Twain nicht ganz recht. Man muss nämlich nur wissen, wie die Versicherungen funktionieren: Also wann man den Schirm bekommt und wann nicht. Und hat man keine falschen Vorstellungen, kann man auch nur schwer enttäuscht werden.

Erklären wir es einmal am Beispiel einer Hausratversicherung mit versicherten Koikarpfen. Nehmen wir an, in Ihrer Hausratversicherung sind die Babykois im Aquarium gegen Feuer mitversichert. Sollte Ihnen also das Haus abbrennen und das Aquarium dabei kaputtgehen, dürfte man wohl annehmen, dass die Fische ein Versicherungsschaden darstellen. Na ja, nicht ganz – so einfach ist das bei den Versicherungen leider nicht.

Hier kommt es nämlich ganz auf ihre allgemeinen und besonderen Versicherungsbedingungen an. Diese umfangreichen und klein gedruckten Werke muss man ganz genau lesen und auf jedes Wort und Komma achten. In einer Klausel könnte beispielsweise der Erstickungstod von Fischen ausgeschlossen sein. Erstickungstod bei Fischen? Was soll das denn, fragen Sie sich jetzt bestimmt. Falls Sie mit Ihrem Versicherungsvertreter darüber sprechen, wird er Ihnen sicherlich sagen, dass Fische so gut wie nie ersticken. Und dem kann man im ersten Moment auch uneingeschränkt zustimmen.

Was würde diese Klausel aber nun konkret beim Hausbrand bedeuten? Dass die Versicherung die Fische nicht ersetzen wird. Denn die Fische sind ja nur gegen das Feuer versichert. Deshalb würde die Versicherung also zahlen, wenn die Fische – oder das Aquarium, in dem sich die Fische befanden – verbrennen. Oder aber das Wasser verbrannt wäre, in dem die Fische waren. Nicht zahlen würde die Versicherung allerdings, sollte sich herausstellen, dass durch das Feuer das Aquarium geplatzt und die Fische dann erstickt sind (bevor sie dann natürlich verbrannt wären – aber die Reihenfolge ist hier entscheidend und Scherben sind ein ganz wichtiges Indiz). Natürlich ist es eine Milliarde hoch zehn wahrscheinlicher, dass ein Aquarium bei einem Feuer platzt, als dass die Fische im Wasser verbrennen.

So einfach funktionieren Versicherungen – eigentlich nicht schwer zu verstehen! Man muss nur seinen 80-seitigen in Schriftgröße vier Punkt gedruckten Vertrag aufmerksam durchlesen und das meiste davon begreifen. Dann werden keine falschen Hoffnungen geweckt und man kann eine faire, lebenslange und glückliche Beziehung mit seiner Versicherung eingehen.

Versicherungen für alle Lebenslagen – Heutzutage gibt es Versicherungen gegen alles: Es ist nur eine Frage der Prämie. Wer jetzt bei Prämie an eine Art Gewinn denkt, liegt vollkommen falsch. Eine Prämie ist kurioserweise das, was Sie der Versicherung zahlen. Prämie bedeutet demnach Beitrag, auch wenn niemand so genau weiß, warum Versicherungen ihn nicht auch so nennen.

LEBENSVERSICHERUNG? UNSINN! GLAUBEN SIE MIR, WAS SIE BRAUCHEN, IST EINE GUTE HAGELSCHUTZPOLICE ...
HAGEL SCHUTZ POLICE

Prinzipiell können Sie sich also gegen sämtliche Unwägbarkeiten versichern. So hat zum Beispiel Janet Jackson Ihren Po mit 45 Millionen US-Dollar versichern lassen. Ganz ungewöhnlich ist das bei den Stars allerdings nicht: So sind Beckhams und Heidi Klums Beine, Keith Richards' Hände und Springsteens Stimme versichert.

Letztendlich handelt es sich dabei aber nur um spezielle Berufsunfähigkeitsversicherungen. Berufsunfähigkeit bedeutet, dass man seinen Beruf wegen einem Unfall oder einer Krankheit nicht mehr ausüben kann. Und es ist jedem sonnenklar, dass Beckham ohne sein gesundes Paar Beine sicher keinen Freistoß mehr schießen könnte und somit berufsunfähig wäre. Wie das allerdings mit dem Po von Janet Jackson zusammenpasst, wird wohl ein ewiges Geheimnis zwischen Janet und ihrer Versicherung bleiben.

Sprechen Sie also mit Ihrem Berater. Er hat sicherlich eine Versicherung, die Sie noch nicht kennen, Sie aber vielleicht noch ruhiger schlafen lässt. Es ist wie so oft im Leben nur eine Frage des Preises.

Die verrücktesten Versicherungen – Sieht man sich auf dem Markt für ungewöhnliche Versicherungen um, stolpert man unweigerlich über den Namen Sir Huckleberry Insurance Company. Mit dieser Versicherungsgesellschaft sorgte Knut Karsten Eicke von 1985 bis vermutlich 2010 für Furore: Hier konnte man sich beispielsweise gegen die Entführung durch Aliens, Luftlöcher beim Fliegen oder das Steckenbleiben im Aufzug versichern.

Die Top Drei der witzigsten Versicherungen

Top 3: Die Hochzeits-Rücktrittsversicherung

Ja, ich will. Oder doch nicht? Ich glaub, ich überleg mir das lieber noch mal ... Oder was ist, wenn ich an meinem wichtigsten Tag im Leben vor lauter Aufregung gar nicht heiraten kann? Dann hilft die Hochzeitsausfall-Versicherung. Und deckt zumindest die Kosten für die Feierlichkeiten, die Ihnen in jedem Fall in Rechnung gestellt werden.

Top 2: Die Versicherung gegen Entführung und Erpressung

Bei Sir Huckleberrys kann man sich zwar nicht mehr gegen die Entführung durch Außerirdische versichern lassen, aber dafür bieten andere Versicherungsgesellschaften eine ganz ernst gemeinte Versicherung gegen Entführung und Erpressung an. Diese sogenannten „Kidnapping & Ransom"-Policen dürfen jedoch nicht beworben werden. Vertragsinhalte und versicherte Personen sind stets topsecret. Kein Wunder, hier könnten sonst kriminelle Begehrlichkeiten geweckt werden. Sie wären gerne etwas wichtiger, als Sie sind? Dann schließen Sie doch eine Versicherung gegen Entführung ab – damit sind Sie sicherlich einer der wenigen im Freundeskreis.

Top 1: Die Versicherung gegen den Weltuntergang

Zum vorausgesagten Weltende am 21. Dezember 2012 bot ein Dienstleister eine kostenlose Versicherung an. Wäre die Welt tatsächlich untergegangen, hätte man die stolze Summe von einer Million Euro kassiert. Unklar war aber noch, wie und an wen die Summe ausbezahlt werden sollte.

Aber Sir Huckleberrys war nicht das einzige Unternehmen, das auf Skurriles setzte: So bot zum Beispiel eine Optikerkette eine Versicherung gegen schlechtes Wetter an. Wer wegen Regen oder Wolken seine dort gekaufte Sonnenbrille nicht nutzen konnte, bekam sein Geld zurück. Die Sir Huckleberry Insurance Company gibt es leider nicht mehr, übrig geblieben sind nur sehr wenig kuriose Versicherungen – anscheinend ist das herkömmliche Angebot schon wunderlich und unübersichtlich genug ...

Bankfachwörter und ihre Bedeutung

Bei der Beschreibung von Bankprodukten liest und hört man oft seltsame Wörter wie Zession, Realkredit, thesaurieren, Kontokorrentkredit usw. Wir haben Ihnen die wichtigsten Begriffe mal zusammengestellt, damit Sie beim nächsten Besuch auf der Bank auch wirklich wissen, wovon Ihr Banker spricht.

Agio – Auch wenn Sie bei diesem Namen von einem guten Glas Rotwein träumen, werden Sie das Agio gleich sehr nüchtern betrachten: Es ist das Aufgeld beziehungsweise der Aufschlag beim Handel mit Wertpapieren. Liegt der Wert einer Aktie etwa bei 100 Euro – ausgegeben wird sie für 110 Euro –, beträgt das Agio zehn Euro. Vielleicht brauchen Sie jetzt ja doch ein Glas Rotwein!?

Ballonfinanzierung – Schon Reinhard May sang, dass die Freiheit über den Wolken wohl grenzenlos sei. Mit einer sogenannten

Ballonfinanzierung kann ebenfalls ganz schnell das Gefühl der Freiheit entstehen – der finanziellen Freiheit. Aber Achtung: Die Landung kann unter Umständen sehr hart werden. Denn die Ballonfinanzierung ist ein Kredit, bei dem Sie am Anfang nur ganz kleine Raten zahlen. Erst zum Vertragsende kommt die große (Ab-)Rechnung: eine Abschlussrate so groß wie ein Ballon.

Finanzprodukte – Das sind schlaue Erfindungen Ihrer Bank oder Versicherung mit oft sehr kompliziert klingenden Namen. Zweck ist, dass Sie Ihrer Bank oder Versicherung Geld geben, damit diese Ihnen am Ende noch viel mehr davon zurückzahlt – im Idealfall. Bitte beachten Sie deshalb folgende Faustregel: Je mehr Gewinn Ihnen in Aussicht gestellt wird, umso höher ist die Wahrscheinlichkeit, dass am Ende auch das eingesetzte Kapital weg ist. Man spricht hier auch von riskanten Finanzprodukten.

Kontokorrentkonto – Hört sich gefährlich an? Keine Panik, weder ist Ihr Konto gepfändet noch Ihre Bank pleite. Ein Kontokorrentkonto ist nichts anderes als ein Girokonto. Kontokorrent bedeutet, dass Ihr Konto in laufender Rechnung geführt wird: Die Belastungen und Gutschriften werden laufend miteinander verrechnet. Zum Schluss wissen Sie, ob entweder Sie von Ihrer Bank Zinsen bekommen (weil Sie fleißig gespart haben) oder Ihre Bank von Ihnen Geld einkassiert (weil Sparen nicht Ihr Ding ist).

Optionsschein – Sie lieben das Risiko? Dann ist das vielleicht etwas für Sie: Optionsscheine sind (vereinfacht gesagt) Wetten, bei denen Sie auf steigende oder fallende Kurse von Aktien, Zinsen, Währungen, Indizes setzen. Aber sagen Sie bitte nicht, wir hätten Sie vorher nicht gewarnt.

Realkredit – Ihre Bank ist manchmal einem Pfandbüro ziemlich ähnlich. Zum Beispiel beim Realkredit: Ihre Bank leiht Ihnen Geld und bekommt dafür als Sicherheit ein Pfand (beispielsweise das Haus Ihrer Eltern oder der Oldtimer Ihres besten Freundes). Können Sie nicht zahlen, ist das Pfand futsch. Das heißt: Entweder Ihre Eltern ziehen bei Ihnen ein oder Sie sind jetzt öfter als Taxi unterwegs (um Geld zu verdienen und außerdem Ihren besten Freund durch die Gegend zu chauffieren).

Saldo – Nein, das ist kein orientalisches Kleidungsstück für Frauen. Als Saldo bezeichnet man den Kassensturz in der Buchführung Ihres Kontos. Der Saldo zeigt Ihnen, wie der Bestand auf Ihrem Konto ist. Haben Sie Geld auf Ihrem Konto, ist es der Habensaldo. Falls Sie aber weniger als nichts besitzen – Ihr Konto befindet sich also im Minus –, spricht man vom Sollsaldo.

Stresstest – Schon bei der bloßen Erwähnung „Bank“ wird Ihnen heiß, Ihr Puls schnellt in die Höhe und Ihre Atemwege schnüren sich zusammen? Sie leiden eindeutig am Bankstress-Syndrom. Dagegen kann der Stresstest helfen – ein Crashtest für Banken. Hier wird geprüft, wie gut eine Bank in einer Krise zurechtkommt. Also im Grunde, ob Ihr Erspartes beim nächstbesten Börsencrash weg ist oder die Bank genug beiseitegeschafft hat.

Besteht Ihre Bank den Stresstest, haben Sie also schon einen Grund weniger, gestresst zu sein. Zumindest was Ihre Bank betrifft.

Thesaurieren – Was sich anhört wie eine ausgestorbene Dinosaurier-Gattung, ist bei Geldanlagen (zum Beispiel Fonds) eine bestimmte Auszahlungsform Ihrer Gewinne. Nämlich: sie nicht auszuzahlen. Denn anstatt Ihnen Ihre Erträge auszuschütten, behält die Bank Ihr Geld und versucht daraus, noch mehr zu machen. Die Frage ist nur: Für wen? Für Sie oder sich selbst?

Totes Kapital – Eine Investition, die Sie sich hätten sparen können beziehungsweise Geld, das Sie besser hätten sparen sollen. Im Grunde hätten Sie Ihr Geld auch geradewegs zum Fenster hinauswerfen können – und wahrscheinlich mehr Spaß dabei gehabt.

Zession – Ihre Bank beherrscht die Kunst, Ihre Schulden loszuwerden und damit sogar noch Geld zu verdienen. Bei der Zession übergibt ein Gläubiger die Forderung an einen neuen Gläubiger.

Einstufungstest: Sind Sie der typische Sparer oder freizügig im Geldausgeben?

Mit Geld können wir bekanntlich alle umgehen. Der eine vielleicht etwas besser als der andere – das wissen wir ja bereits. Im anschließenden Check finden Sie nun heraus, wie gut Sie selbst mit Ihrem Geld haushalten ...

TEST, TEIL 2: Was für ein Geldtyp bin ich?

1. Wie viel Geld haben Sie jeden Monat übrig?

a) Ich spare jeden Monat eisern auf meinem Bausparer und sammle außerdem das Kleingeld in einem großen Glasgefäß. (3 Punkte)

b) Ich nehme mir zwar immer wieder vor, etwas zu sparen, meistens klappt das aber nicht, weil ich in irgendeinem Schaufenster was ganz Tolles sehe. (2 Punkte)

c) Geld übrig am Monatsende? Mir geht es immer genau andersherum. Am Ende vom Geld ist immer noch jede Menge Monat übrig. (1 Punkt)

d) Keine Ahnung. Ich verdien' so viel, dass sich ein Berater um den ganzen Kram kümmert. (0 Punkte)

2. Sie bekommen plötzlich viel Geld. Was tun Sie?

a) Ich befrage meine Eltern. (3 Punkte)

b) Ich erfülle mir meinen allergrößten Wunsch, bringe dann den Rest zur Bank und zahle es auf mein Sparbuch ein. (2 Punkte)

c) Ich frage meinen Bankberater. (1 Punkte)

d) Ich hau' so was von auf den Putz – das hat die Welt noch nicht gesehen. (0 Punkte)

3. Im Elektromarkt gibt es einen 105-Zoll-Drei-D-Super-HD-Smart-TV im Angebot. Eigentlich können Sie sich das Gerät nicht leisten, aber es sieht einfach cool aus. Was machen Sie?

a) Ich weiß, ich kann mir den Fernseher nicht leisten und rede mir erfolgreich ein, dass ich ihn auch nicht brauche. (3 Punkte)

b) Ich spare beharrlich zwölf Monate lang und kaufe mir dann das Gerät. (2 Punkte)

c) Ich weiß zwar, dass ich den Fernseher nicht brauche, frage aber trotzdem meine Eltern oder meine Frau um Geld. Sollte irgendwer so blöd sein und mir das Geld geben, kaufe ich das Gerät. (1 Punkte)

d) Ich kaufe sofort und ohne nachzudenken beim Elektromarkt auf Raten. (0 Punkt)

4. Ein guter Freund fragt, ob Sie ihm eine größere Summe Geld leihen könnten. Theoretisch ginge das. Was tun Sie?

a) Ich erschieße ihn. (3 Punkte)

b) Ich verleihe kein Geld. Schon gar nicht an Freunde. Geld verdirbt schließlich die Freundschaft. Aber ich gebe ihm die Visitenkarte meines Bankberaters. (2 Punkte)

c) Ich frage alle unsere gemeinsamen Freunde und Bekannte – und jeder von uns leiht ihm dann etwas. (1 Punkt)

d) Kein Problem. Solange ich noch Dispo habe, bin ich die private Null-Prozent-Bank in meinem Freundes- und Bekanntenkreis. Was täten die sonst ohne mich? (0 Punkte)

5. Sie müssen Geld anlegen. Es ist allerdings so viel, dass es nicht unter Ihre Matratze passt. Welche Anlageform wählen Sie?

a) Ich kaufe mir selbst genutztes Wohneigentum mit einer Solaranlage, zwei Luftwärmepumpen und einem kleinen Wald. (3 Punkte)

b) Ich teile das Geld auf und investiere in verschiedene Anlagen – hauptsächlich in Immobilien, Gold, Staatsanleihen und ähnlich Sicherem. (2 Punkte)

c) Ich suche mir innovative und zweistellige Renditen versprechende Projekte wie zum Beispiel Palmöl oder Edelholz. (1 Punkt)

d) Ich kaufe mir einen ganz edlen Mercedes SLR aus den frühen 50ern. (0 Punkte)

AUSWERTUNG

15 bis 12 Punkte

Sie sind ein konservativer Sparer und möchten auch gar nichts anderes sein. Man könnte auch sagen: Sie sind geizig und penibel. Wahrscheinlich leben Sie in einer Mietwohnung, die mit Original-70er-Jahre-Möbeln ausgestattet ist. Und die haben Sie nicht erst neulich im hippen Secondhandladen in Berlin gekauft, sondern die stammen vermutlich noch von Ihren Eltern – oder dem Vormieter. Aber so lange die brauchbar sind, werden sie nicht weggeworfen. Geld macht Ihnen nur Freude, wenn es sich auf Ihrem Sparbuch still und heimlich sowie stetig vermehrt. Das Risiko liegt Ihnen nicht: weder das des Geldausgebens noch das Risiko, Geld unkonventionell anzulegen – Wertpapiere und die ganze Börse sind Ihnen zuwider. Ihre Familie und Freunde (falls Sie noch welche haben) leiden unter Ihrem Geiz und Ihr Bankberater beißt sich an Ihnen sicherlich seit Langem die Zähne aus.

11 bis 8 Punkte

Sie befinden sich auf einem guten Weg. Immerhin sind Sie schon Geldverwalter, wenn Sie auch viel lieber Börsenmakler wären. Sie beschäftigen sich ausschließlich mit Geld, haben aber dennoch nie so viel, wie Sie gerne hätten. Das führt auch dazu, dass Sie manchmal das Bedürfnis haben, Ihr Geld mit vollen Händen auszugeben. Allerdings hauen Sie nie so wirklich auf den Putz. Ein Rest Vernunft bleibt immer – und darüber sind Sie natürlich froh, sobald der „Geldrausschmeiß-Anfall“ vorbei ist.

7 bis 4 Punkte

Sie sind ein hedonistischer Geldausgeber: Eines Ihrer liebsten Hobbys ist Shopping. Leider haben Sie dafür aber oft nicht das notwendige Kleingeld, weil Sie ja nichts sparen. So leben Sie in einem ständigen Zwiespalt: Sie würden gerne sparen, um sich noch mehr kaufen oder auch mal einen größeren Wunsch erfüllen zu können. Schaffen es aber nicht, den täglichen Verlockungen zu widerstehen. Trösten können Sie sich damit, dass Sie viele Freunde haben, da Sie großzügig sind und nie Ausgaben gegeneinander aufrechnen. Finden Sie die Balance zwischen Ausgeben und Sparen, dann wird Ihr Verhältnis zu Geld noch entspannter und Ihr Bankberater wird Sie auch wieder öfters anrufen!

3 bis 0 Punkte

Herzlichen Glückwunsch, Sie haben ein richtig entspanntes Verhältnis zu Geld. Eigentlich sollten Sie eine Bank gründen. Und schlaue Menschen einstellen, die dann alles für Sie erledigen. Am Thema Geld schmuggeln Sie sich im Alltag recht oft und durchaus erfolgreich vorbei. Sie müssen sich darüber ja auch keine Gedanken machen – das tun bereits die anderen (die gut bezahlten Berater) für Sie. Aber: Die dicke Rechnung kommt meistens zum Schluss. Achten Sie darauf, dass Sie nicht böse überrascht werden. Aber zur Not haben Sie ja Ihre Kreditkarten. In jedem Fall sollten Sie sich vor falschen Freunden hüten, die nur wegen Ihres Geldes oder Ihrer sagenhaften Großzügigkeit mit Ihnen befreundet sind.

DIE BÖRSE:

der Wolf im Sprachpelz

Die Börsensprache – so reden Sie sich um Kopf und Kragen

Wer sich mit Banken und Finanzen beschäftigt, kommt an der Börse nicht vorbei. Die existiert seit dem 14. Jahrhundert als organisierter Markt, an dem mit Wertpapieren gehandelt wird. Es gibt viele verschiedene Arten von Wertpapieren wie beispielsweise Aktien, Anleihen, Devisen oder Derivate. Gehandelt wird dabei mit allem, was Geld bringt: Unternehmen, Industriegüter, Technologie, Dienstleistungen, Energie, Immobilien, Rohstoffe und mittlerweile auch Lebensmittel.

„Drei Dinge treiben den Menschen zum Wahnsinn. Die Liebe, die Eifersucht und das Studium der Börsenkurse."
(John Maynard Keynes, Ökonom, Mathematiker und Politiker)

Allerdings darf man sich das nicht so vorstellen, als ob die Händler Gold, Diamanten und Metalle direkt aus der Schubkarre verkaufen würden. Oder mit einem Bauchladen voll Obst und Gemüse auf der Börse herumspazieren und die frische Ware feilbieten. Sie können auch an der Börse kein Haus kaufen. An der Börse wird mit den (fiktiven) Werten all dieser Güter gehandelt. Selbst dann noch, wenn Sie schon gar keinen Wert mehr haben: Gute Börsianer machen sogar aus Schulden und sinkenden Kursen noch Gewinn.

Die Börse hat auch ganz besondere Kommunikationsformen entwickelt: Neben dem üblichen Finanzkauderwelsch und Anglizismenwahn haben sich an der Börse ganz eigene Facetten der Banksprache herausgebildet. Einige davon stellen wir Ihnen hier vor.

Im Zeichen des Geldes

Verstehen Finanzexperten eigentlich ihr eigenes Kauderwelsch? Nicht immer. Oft scheitert eine einfache Verständigung daran, dass Banker und Berater mit der Sprache des Geldes selbst überfordert sind. Oder sie sprechen mit „gespaltener Zunge“ (siehe Seite 113). Manchmal liegt es aber auch ganz einfach nur an der Akustik – zum Beispiel an der Börse. Man muss sich das so vorstellen: Hunderte von Börsenmakler am Rande des Nervenzusammenbruchs schreien und brüllen gleichzeitig hektisch durcheinander. Da kann es schon mal laut werden.

Deshalb haben sich die Makler ein cleveres Verständigungssystem aus Handzeichen ausgedacht – damit die Verständigung auf dem Parkett auch klappt. Schließlich gibt es nichts Blöderes, als wenn ein Händler ein Aktienpaket kauft anstatt verkauft. Und das nur, weil er einen wichtigen Hinweis nicht oder falsch verstanden hat. Im Laufe der Zeit haben sich viele Handzeichen entwickelt – einige davon sind fast schon pantomimisch. Und bei nicht wenigen der Übungen muss man aufpassen, keinen Krampf in den Fingern oder Armen zu bekommen. Bestimmte Handzeichen haben sich auch international durchgesetzt, andere wiederum bedeuten je nach Börse etwas anderes. Testen Sie doch mal selbst, ob Sie die Zeichen richtig deuten. Wer weiß, vielleicht steht Ihrer Karriere auf dem Parkett bald nichts mehr im Weg?

BÖRSENRÄTSEL: Erkennen Sie die Zeichen des Geldes?

Zeichen 1

a) Große Hupen

b) Kaufen!

c) Bottom up

d) Mamma Mia

Zeichen 2

a) Credit Suisse First Boston

b) Teatime!

c) Hast du was zu rauchen?

d) Meine Lippen bleiben verschlossen.

Zeichen 3

a) Outperformer

b) Ich war bei der Darmspiegelung.

c) Hundert

d) Meiner ist so dick.

Zeichen 4

a) US-Gang „Crips"

b) Commerzbank

c) Kaufoption

d) Meiner ist so lang.

Zeichen 5

a) Aktie steigt steil nach oben.

b) 50 Einheiten

c) Idiot!

d) Ich brauch Aspirin!

Zeichen 6

a) Bin heute heiser.

b) Halsabschneider!

c) Januar

d) Bringe mich um.

Zeichen 7

a) Hang Loose

b) Fünf Bier fürs Sägewerk

c) Straddle

d) Ich werd Papa.

Zeichen 8

a) Merill Lynch

b) Heavy Metal, Baby!

c) Heuschrecke

d) Ich habe mit deiner Frau ...

Zeichen 9

a) Stopp die Order!

b) Du hast mit meiner Frau ...!?!

c) Börsencrash

d) Airbags

Zeichen 10

a) Schöne Jacke!

b) Achtung, er hat Achselschweiß.

c) Mai

d) Halten!

AUFLÖSUNG

1. Gratulation, mit Antwort b) liegen Sie richtig! Wenn Sie an der Börse Ihre Arme ausstrecken und mit Ihren Handflächen zum Körper zeigen, signalisieren Sie nämlich: Her damit – kaufen! Analog dazu bedeuten Ihre nach außen gewandten Handflächen: Weg damit – verkaufen!

2. Normalerweise ist dies eine typische Geste fürs Teetrinken. Auf dem Parkett ist das Symbol jedoch nicht das Zeichen für die Vier-Uhr-Teepause. Vielmehr soll es an die Boston Tea Party erinnern. Also doch irgendwas mit Tee? Nicht direkt: Das Handzeichen steht an der Börse für die Bank Credit Suisse First Boston.

3. Wenn Sie den rechten Unterarm nach oben heben und gleichzeitig auch noch den Zeigefinger ausstrecken, deuten Sie an der Börse die Zahl eins an. Umfassen Sie jetzt noch mit Ihrer linken Hand den rechten Unterarm, signalisieren Sie 100. Aber Vorsicht: Nicht verknoten!

4. Entweder Sie hatten Glück und haben die richtige Antwort erraten, oder Sie sind ein ganz altgedienter Börsianer. Mit Antwort c) liegen Sie jedenfalls goldrichtig. Dieses Handzeichen bedeutet Kaufoption. Hier handelt es sich um ein spezielles Zeichen der Londoner Terminbörse LIFFE (London International Financial Futures Exchange), die älteste und wohl bedeutendste europäische Terminbörse.

5. Sie kommen nicht drauf? Hier ein paar Hilfestellungen: Es handelt sich um einen numerischen Wert (zählen Sie doch einfach Ihre Finger an der Hand). Außerdem wird das Zeichen in Gesichtsnähe gemacht. Na?! Richtig: Hand mit ausgestreckten Fingern auf der Stirn bedeutet: 50 Einheiten.

6. Wer schon einmal Chicago im Winter besucht hat, weiß: Dort wird es oft bitterkalt – da sollte man sich lieber warm einpacken. Dieses Handzeichen kommt von der Chicagoer Börse und symbolisiert einen Schal. Es bedeutet ganz schlicht: Januar.

7. Auf dem Parkett bedeutet dieses Zeichen: Straddle. Wie, Sie kennen keinen Straddle? Dann wird's aber Zeit ... Hier handelt es sich um eine Strategie beim Handel mit Optionsscheinen. Dabei spekulieren Händler entweder auf stark schwankende Kurse (Short Straddle) oder langfristig gleichbleibende Kurse (Long Straddle). Das Handzeichen stammt von der Chicago Mercantile Exchange (CME), eine der größten Optionsbörsen und die größte Terminbörse der Welt.

8. Diese typische Geste langhaariger Kuttenträger auf einem Heavy-Metal-Konzert steht an der Börse für Merrill Lynch. Das ist allerdings keine aktiennotierte Heavy-Metal-Band, sondern der Name einer Bank. Das Handzeichen symbolisiert die zwei Hörner des Bullen im Logo von Merrill Lynch.

9. Stopp die Order! ist hiermit gemeint. Das sollte man dann auch besser tun – ansonsten fliegen vielleicht doch noch die Fäuste. Das Handzeichen stammt ebenfalls von der CME, an der offenbar einige besonders handfeste Zeichen entwickelt wurden.

10. Dieses Geste steht für den Monat Mai und die Herkunft ist amüsant: Es ist eine Reverenz an die Schauspielerin Mae West, die an der Börse für ihre große Oberweite bekannt war. Da kann schon mal das Jackett spannen.

Mit gespaltener Zunge sprechen

Wenn Sie sich in unserer Lektüre bis hierhin vorgearbeitet haben, wiegen Sie sich möglicherweise in Sicherheit. Immerhin: Sie wissen, welche Banktypen es gibt, was für ein Kundentyp Sie sind und wurden auch zu den Bankberatern bestens beraten. Sie kennen wichtige Finanz- und Fachbegriffe und beherrschen sogar die Zeichensprache des Geldes. Was sollte Sie jetzt noch aus der Ruhe bringen? Nun, wir hätten da etwas: Begriffe können in der Börsensprache mehr als nur schwer verständlich sein. Sie können in ihrer Bedeutung variieren und sich verändern. Dieses Phänomen taucht besonders im Umfeld des Wertpapierhandels auf. Man glaubt kaum, wie kreativ dieses für nüchtern und zahlenfixiert erachtetes Berufsfeld ist – zumindest sprachlich. Hier kommt es zu einem regelrechten Wortwildwuchs, der mitunter eigenartige (Stil-)Blüten treibt.

Die Sprache der Aktienmärkte

Für die Entwicklung der Kurse gibt es ein schönes Sammelsurium an Begriffen, die die Zustände am Aktienmarkt beschreiben …

Was gesagt wird & Was gemeint ist

Bei positiver Kursentwicklung

„Die Aktie profitiert vom Markt."
Es sieht gut aus: Der Aktienwert ist im Aufwärtstrend.

„Der Markt ist freundlich."
Friede, Freude, Eierkuchen: Die Kurse steigen!

„Der Markt ist fest oder sehr fest."
Die Kurse gehen steil (nach oben).

„Der Markt behauptet sich."
Kaum der Rede wert, der Kurs verzeichnet ein leichtes Plus.

Was gesagt wird & Was gemeint ist

Bei stagnierenden oder schwankenden Kursen

„Der Markt ist ruhig oder lustlos."
Laaangweilig! Es tut sich nichts.

„Der Markt ist uneinheitlich."
Kein Durchblick: Manche Aktien steigen, andere fallen.

„Der Markt ist dynamisch."
Bin ich denn total betrunken oder was ist hier los? Die Kurse schwanken so …

Was gesagt wird & Was gemeint ist

Bei negativer Kursentwicklung

„Der Markt ist schwach."
Im Vergleich zum Vortag liegen die Kurse im Minus.

„Die Aktie wird belastet."
Oh, oh, der Wert fällt.

„Der Markt dreht."

Hilfe, es geht abwärts!

„Der Markt bröckelt."

Das ist ja wie verhext: Gerade noch steigende Kurse fallen plötzlich ab.

„Der Markt rutscht/bricht ein."

Sie haben ein ernsthaftes Problem.

Die Sprache der Aktiengesellschaften

Kann man sich die Sprache am Aktienmarkt noch mit gesundem Menschenverstand erklären, wird das in anderen Bereichen der Börsensprache schon etwas komplizierter – zum Beispiel bei den Aktiengesellschaften. Hier wird viel schöngeredet, selbst dann noch, wenn nichts mehr zu retten ist. Das hat auch seine (guten) Gründe: Geht es dem Unternehmen gut, geht es der Aktie gut. Um dies zu erreichen beziehungsweise zumindest den Anschein zu erwecken, werden zuweilen kuriose sprachliche Pirouetten gedreht.

Viele Unternehmen verpacken Negativmeldungen in eine möglichst positive und blumige Sprache. So werden munter viele Adjektive und Verben in die Formulierungen eingeflochten, in der Hoffnung, sie überdecken die unschönen Tatsachen. Oft sind die Prognosen auch bereits im Vorfeld schwammig formuliert. Sie werden nicht mit konkreten Zahlen, sondern mit „Korridoren" hinterlegt. Erreichen die Unternehmen die Ziele dann nicht, heißt es, die

Werte liegen „eher am unteren Ende des Korridors". Das hört sich viel besser an als: „Wir sind pleite" oder „Ihre Dividende können Sie sich in die Haare schmieren". Prognosen werden auch nicht nach „unten korrigiert", sondern lediglich „überprüft". Für Laien ist es oft schwer, mit diesen Spracheigentümlichkeiten umzugehen. Da tut professioneller Rat Not. Nur leider sind Analysten keine guten Dolmetscher. Vielmehr haben sie selbst ganz eigene Ideen, wie sie die Sprache am besten verwenden und nutzen.

Die Sprache der Analysten

Für wen verpacken die Unternehmen Ihre Prognosen und Zahlen in so schöne Wortgewänder? Na, vor allem für die Analysten. Denn von ihnen hängt im Wesentlichen der Wert einer Aktie ab. Sie bewerten, wie steil ein Wertpapier gehen (Potenzial) und wie hart der Anleger fallen kann (Risiko). Analysten beeinflussen somit die Kauf- und Verkaufsentscheidungen der Anleger. Die Bewertung einer Aktie funktioniert nach folgendem Prinzip: „Kaufen, Halten, Verkaufen" – im Englischen „Buy, Hold, Sell". Ganz simpel. Sollte man zumindest meinen. Pustekuchen!

Einer der Gründe, warum die Kommunikation zwischen Banker und Kunde nicht immer klappt, ist, dass etliche Banken Synonyme für die eben erklärten Grundbegriffe verwenden: Statt „Kaufen, Halten, Verkaufen" benutzen einige Banken alternative Begriffe wie „Übergewichten, Neutral, Untergewichten" (und damit ist nicht Ihr Diätplan gemeint). Im Englischen entstanden analog dazu Wortkombinationen wie „Outperform, Neutral, Underperform".

SCHAU MAL, DIE HANDZEICHEN! DA WILL WOHL JEMAND GANZ DRINGEND SEINE GOLDANLEIHEN VERKAUFEN ...
MS ZASTER
BÖRSENMAKLER AUF KREUZFAHRT

Warum die Analysten für die gleichen Ereignisse und Prognosen nicht auch die gleichen Wörter verwenden, ist unbekannt. Einfacher wird es dadurch natürlich nicht. Für niemanden. Hinzukommen Abstufungen, die die Bewertungen noch detaillierter beschreiben. So hat sich bei vielen Banken ein vier-, fünf- oder noch mehrgliedriges Schema etabliert. Es gibt zusätzliche Bewertungskategorien wie zum Beispiel „Akkumulieren" als positive und „Reduzieren" als negative Bewertung. Im Englischen sind das dann Begriffe wie „Strong Buy" oder „Reduce".

Der wohl schwerwiegendste Grund für die Verständigungsschwierigkeiten zwischen Analysten und Laien liegt aber in der Bedeutung der Worte selbst. Denn: Kaufen heißt nicht immer kaufen. Und so meinen die Analysten der verschiedenen Finanzinstitute oft etwas völlig anderes, wenn sie zum „Kaufen, Halten oder Verkaufen" von Aktien raten.

Skurrile Konjunkturindikatoren

Sie können mit den ganzen Zahlen nichts anfangen? Sie wollen Indikatoren, an denen Sie sofort erkennen, wie es um die Konjunktur steht? Dann hilft Ihnen vielleicht die Tabelle auf der nächsten Seite weiter. Oft brauchen Sie auch nur Ihre Umwelt beobachten – die richtigen Schlüsse werden Sie automatisch ziehen können.

Für Sie als Anleger oder Investor ist das eine paradoxe Situation. Diejenigen, die Sie in Ihren Entscheidungen am Aktienmarkt unterstützen sollten, sorgen unter Umständen für noch mehr Unklar-

Unsere Top Drei der wichtigsten Konjunkturindikatoren

Top 3: Die Rocklänge

Achten Sie auf kurze Röcke. Denn je kürzer die Röcke sind, desto besser soll die Konjunktur werden. Fachleute nennen dies den Minirock-Index. Skeptiker behaupten jedoch, das liege auch immer ein wenig an der Außentemperatur. Sollten Sie also im Sommer eine Frau mit langem Rock sehen, dann steht die Krise quasi vor Ihnen.

Top 2: Der Wolkenkratzer-Index

Diese Formel ist ganz schnell erklärt. Je höher der Wolkenkratzer, desto näher ist die Krise. Und es gibt zahlreiche Belege für diese These: So begann beispielsweise 1870 pünktlich zur Fertigstellung des ersten Wolkenkratzers der Welt (dem Equitable Life Building in New York) eine fünfjährige Wirtschaftskrise. Sollte dieser Index tatsächlich funktionieren, müssen vor allem Indien und China aufpassen. Denn dort werden in naher Zukunft die meisten und höchsten Wolkenkratzer bezogen.

Top 1: Alan Greenspans Unterhosentheorie

Je weniger Unterhosen Männer kaufen, desto näher beziehungsweise stärker ist die Krise. Die Begründung ist ganz einfach: Nachdem Unterhosen für Männer keine modische Bedeutung haben (zumindest nicht in der Zeit als Greenspan noch etwas von Mode verstand), geht der Kauf bei einer nahenden Krise zurück. Somit unser Tipp an Sie: Achten Sie darauf, wie oft Ihr Mann Unterhosen kauft.

heit. Denn ohne Expertenwissen sind Sie bei all dem Begriffswirrwarr verloren. Unser Tipp: Lassen Sie sich an der Börse weder auf die Hörner nehmen, noch einen Bären aufbinden!

Hausse und Baisse – warum Bulle und Bär?

Die Börse wird oft auch als Bullen- oder Bärenmarkt bezeichnet. Der Bulle steht hier für steigende Kurse – der Bär hingegen für fallende. Vor fast jeder Börse dieser Welt finden Sie Statuen von beiden Tieren, die miteinander im Clinch liegen. Manchmal werden auch die französischen Begriffe Hausse (Anstieg) und Baisse (Absinken) verwendet.

Was haben aber nun bitteschön Bulle und Bär mit der Börse zu tun? Diese Verbindung geht zurück bis in die Gründertage der USA. Zur Zeit des großen Goldrausches im 19. Jahrhundert in Nordamerika waren Tierkämpfe eine beliebte Freizeitbeschäftigung der Goldgräber. Sie ketteten einen Grizzlybären an einen Pfahl oder Baum und ließen dann einen Bullen auf ihn los. Dabei ging es ums große Geld, ums Zocken und Wetten. Mal gewann der eine, mal der andere: ein Wettkampf also – genau wie an der Börse. Und wie an der Börse war es bei den Goldgräbern auch am Ende des Tages entscheidend, ob Sie auf den Bären oder Bullen gesetzt hatten. Über den Grund, warum der Bulle als Sinnbild für den Sieger gilt (steigender Kurs) und der Bär als ewiger Verlierer dasteht (fallender Kurs), gibt es unterschiedliche Auffassungen. Eine Interpretation gründet sich auf den Kampfstil der beiden: Der Bulle greift von unten nach oben an und nimmt den Bären mit gesenktem Kopf auf die Hörner. Der Bär hingegen kämpft von oben nach unten – er schlägt den Bullen mit einem Prankenschlag zu Boden. Eine andere Erklärung sieht die Antwort in der Körperhaltung der Tiere, genauer gesagt: in der Haltung von Hals und Kopf. Beim Bullen sind Hals, Kopf und Hörner nach oben gerichtet. Der Bär streckt Hals und Kopf hingegen nach unten.

Zum Abschluss: das Hohelied des Geldes

Sie feiern mit Ihren Investmentbanker-Freunden eine Champagnerparty nach einem erfolgreichen Handelstag mit Millionengewinn? Oder gehören Sie zur Occupybewegung und wollen mit einer Auswahl an sozialkritischen Songs Ihren Protest gegen das Finanzsystem musikalisch untermalen – aber so richtig? Dann haben wir für Sie die ultimative Liste der zehn wichtigsten Songs, bei denen sich alles ums Geld dreht: entweder darum, keines zu haben, mehr zu wollen oder tatsächlich schon sehr viel Geld zu besitzen. Hier findet jeder seinen passenden Soundtrack. Ums ein bisschen spannender zu machen, sind von den jeweiligen Liedern nur ein, zwei Zeilen gedruckt. Eventuell erkennen Sie schon am Text, ob ein Song zu Ihnen passt oder nicht. Zu welchen Künstlern und Songs gehören also die folgenden Zeilen?

TOP-TEN-RÄTSEL: Was gehört wozu?

Lied 1

„I work all night, I work all day, to pay the bills I have to pay. Ain't it sad?"

Lied 2

„Ba-Ba-Ba-Ba-Ba-Ba ..."

Lied 3

„Our religion is to go and blow it all.
So it's shopping every Sunday at the mall."

Lied 4

„Laufe durch den Park und werf' mit Geld, als ob es Brot wäre."

Lied 5

„What in the world am I gonna do tomorrow?
Is there someone whose dollar I can borrow?"

Lied 6

„Was soll ich tun? Was soll ich machen?
Bin vor Kummer schon halb krank, hab' mir schon paar Mal überlegt, vielleicht knackst du eine Bank."

Lied 7

„Oh Lord, won't you buy me a Mercedes Benz?"

Lied 8

„It's all about the benjamins."

Lied 9

„I wanna be on the cover of Forbes magazine,
Smiling next to Oprah and the Queen."

Lied 10

„A kiss may be grand but it won't pay the rental
On your humble flat, or help you at the automat."

AUFLÖSUNG

Lied 1

Diese Zeilen sangen ABBA 1973 in ihrem Song „Money, Money, Money". Die vier Musiker der schwedischen Disco-Popgruppe haben seitdem so viele Platten verkauft, dass sie die Geldsorgen ihrer Song-Protagonisten wohl schon sehr lange nicht mehr teilen. Bis heute sollen sie an die 400 Millionen Tonträger verkauft haben. Und immer noch wandern täglich tausende ABBA-Songs über die Ladentheken dieser Welt oder werden online heruntergeladen. Wie viele Millionen Kronen die einzelnen Mitglieder auf ihren Konten liegen haben, weiß man nicht genau. Man munkelt allerdings, dass Björn Ulvaeus und Benny Andersson mehr Steuern zahlen als der schwedische König Karl Gustaf. Immerhin – sie zahlen wenigstens Steuern.

Lied 2

„Ba-Ba-Banküberfall" sang Mitte der 80er-Jahre die österreichische Popgruppe Erste Allgemeine Verunsicherung. Der Song wurde gute 30 Jahre später tatsächlich zum unfreiwilligen Soundtrack eines Banküberfalls: Im Februar 2007 versuchte ein Mann in Wien eine Bank auszurauben und nahm mehrere Geiseln in seine Gewalt. Anwohner erlaubten sich einen Scherz und beschallten die Szenerie mit dem Hit „Ba-Ba-Banküberfall" in voller Lautstärke von einer ans Fenster gestellten Stereoanlage. Bis schließlich die Polizei einschritt und für Ruhe sorgte. Die Geiselnahme wurde nach mehreren Stunden unblutig beendet – ob dank des Songs, ist nicht bekannt.

Lied 3

Hier handelt es sich um den Song „Ka-Ching!" von Shania Twain, der 2003 in die Charts stürmte. „Ka-Ching!" ist ein Wort, das Sprachwissenschaftler als sogenanntes Onomatopoetikum bezeichnen. Mit solchen lautmalenden Worten verbalisiert man Geräusche, die noch nicht benannt wurden. Im Fall von „Ka-Ching!" handelt es sich um den Sound einer klingenden Kasse. Die kanadische Country- und Popsängerin Shania Twain verwendet diese Lautmalerei, weil es in Ihrem Lied um die Verführung des Geldes geht: Wir alle wollen immer mehr, geben dafür Geld aus, das wir eigentlich nicht haben und fühlen uns dabei auch noch gut. Sehr philosophisch – und noch dazu wahr.

Lied 4

Wie es wohl sein muss, so viel Geld wie Dagobert Duck zu besitzen, aber anstatt es zu horten, alles auf den Kopf zu hauen? Der Song „Einmal um die Welt" des deutschen Rappers Cro (der mit der Pandamaske) gibt dem Zuhörer eine ungefähre Vorstellung davon. Hier eine weitere Zeile aus dem Lied: „Baby, bitte mach dir nie mehr Sorgen um Geld. Gib mir nur deine Hand, ich kauf dir morgen die Welt." Möglicherweise wird sich der Songtext von Cro wesentlich schneller erfüllen, als er selbst dachte. Vor Kurzem noch in der Ausbildung, hat sich Cro mit diesem Lied auf die Bühne der Großen gesungen. Und kann sich vielleicht bald selbst die ganze Welt kaufen.

Lied 5

Haben Sie sicher erkannt, lief ja auch ständig im Radio. Das Lied „I need a dollar" von Aloe Blacc handelt von einem armen Schlucker, der nicht weiß, wie er den nächsten Tag überstehen soll. Ein paar Dollar täten also dringend Not. Dem amerikanischen Soulsänger gelang mit der Nummer ein internationaler Hit, der in mehreren Ländern Gold und Platin erhielt. Das heißt: Mit mehreren 100.000 Verkäufen hat er ordentlich Kasse gemacht. Und auch wenn er heute immer noch singt, er würde einen Dollar brauchen: Bei dem Erfolg, den der Song hatte, wird sich Blacc nie wieder Sorgen ums Geld machen müssen – sofern er den richtigen Vermögensberater hat.

Lied 6

Das 1987 in der DDR als die Herzbuben gestartete A-capella-Trio benannte sich später in die Prinzen um und war in den 90er-Jahren im deutschsprachigen Raum sehr erfolgreich. In ihrem hier zitierten Hit „Millionär“ aus dem Jahre 1991 besingen sie diesen Wunsch. Und zwar mit folgenden Worten: „Ich wär’ so gerne Millionär, dann wär’ mein Konto niemals leer. Ich wär’ so gerne Millionär – millionenschwer.“

Lied 7

Dieses Lied haben Sie erkannt. Falls nicht, verraten Sie es niemandem. Das schönste Lied über Mercedes-Benz und Porsche. In ihrem am ersten Oktober 1970 aufgenommenen Song „Mercedes Benz“ bittet Janis Joplin den lieben Gott, ihr neben einem Mercedes-Benz auch einen Farbfernseher und den nächsten Drink zu spendieren. Das ironische Lied kritisiert die amerikanische Konsumgesellschaft. Drei Tage nach der Aufnahme des Songs stirbt die Blues- und Folksängerin an einer Überdosis Heroin – ohne je den Mercedes-Benz bekommen zu haben.

Lied 8

Das war zugegebenermaßen schwer. Diese Zeile „it’s all about the benjamins“ aus dem gleichnamigen Lied stammt aus der Feder des US-Rappers Puff Daddy, der wahlweise auch Puffy, P. Diddy oder bürgerlich Sean Combs heißt. Übersetzt bedeutet die Zeile in etwa: Alles dreht sich um die Kohle. Der Begriff „benjamins“ ist ein amerikanischer Slangausdruck für einen 100 Dollarschein und ist eine Reverenz an Benjamin Franklin, einer der Gründerväter der Vereinigten Staaten, dessen Konterfei jede 100 Dollarnote ziert.

Lied 9

In diesem Lied greift Bruno Mars zu den Sternen. Eigentlich war das Stück „Billionaire“ ein gemeinsamer Song mit dem Musiker Travie McCoy. Der Titel wurde aber zum Sprungbrett für seinen eigenen raketenhaften Aufstieg als Künstler. Bis heute hat er bereits sechs Millionen Alben und 40 Millionen Singles verkauft. Und wahrscheinlich lebt er inzwischen genau das Leben, von dem er 2010 noch sang.

Lied 10

Was ist wichtiger: Geld oder die Liebe? Nun, für Marilyn Monroe scheint die Antwort klar – „Diamonds are a girls best friend“. Diesen Titel singt die Schauspielerin und Sängerin in dem 1953 erschienen Film „Blondinen bevorzugt“, der zu einem ihrer bekanntesten Songs wurde. Zum Thema Geld gibt es auch ein schönes Zitat von Marilyn Monroe: „Geld interessiert mich nicht, ich möchte nur wunderbar sein.“ Auch wenn vielleicht etwas Wahres dran ist, mit einem geschätzten Vermögen von 27 Millionen Dollar hat man natürlich leicht reden. Sie gehörte nicht nur zu den Schwerreichen, sondern auch erfolgreichsten Schauspielern ihrer Zeit.